中村天風
怒らない 恐れない 悲しまない

池田 光

三笠書房

はじめに

積極人生を「今日から始める」法

「元気かい！」

と問うのが、天風のいつもの挨拶だ。

しかしここ幾年かの激動期の中で、日本中が元気を喪失してしまい、困難な問題が山積したこの国は不安に満ちている。人も会社も元気がない。

このような現状を目の当たりにしたならば、天風はこう言うだろう。

「みんな、元気までなくしてどうするのだ。この大宇宙は、隅々まで〝気〟で満ちている。その〝気〟が人間に注がれたときに、元気がむくむくと湧きだしてくるんだ。もっと元気になれる生き方をしようじゃないか」

〝気〟がもっとも注がれる生き方——元気になれる生き方。

これを「**絶対積極**」と言う。人は積極的に生きるとき、大宇宙の〝気〟が存分に注入され、あらゆる困難を乗り越えてしまう。奇跡が起きるのだ。

中村天風の信奉者であった松下幸之助は、

「事にあたって、行き詰まるということはない。行き詰まるということは、行き詰まるようなものの考え方をしているからである」

と、平然と言い放った。「経営の神様」の言葉に明らかに天風の影響を見てとれる。行き詰まるような考え方とは、消極的な生き方にほかならない。

天風は、人生を失敗させる要因として、特に次の三個の「消極精神」をあげている。

①怒る　②恐れる　③悲しむ

こうした消極的な心を積極的にすることなしに、ものごとはうまくいかない。やることなすことすべてが空振りに終わってしまうだろう。

しかし本書の「積極精神」で、まず「心の置きどころ」が変わる。

それによって、先ほどの三個の「消極精神」がプラスに転換するのだ。

人生にマイナスの出来事が起きても、それに対処する**自分の心が積極的なら、問題は半分解決したのと同じこと**なのである。天風は言う。

「人間とは強いものである。できないことは何もない」

人間とは強いものであるという真理に目覚め、積極的に生きるならば、大宇宙の〝気〟がなみなみと注がれ、あなたが思っている以上の自分をこの世に誕生させることになる。

「自己実現」という言葉では小さい。

天風が教えているのは、「自己超越」した生き方だ。

大宇宙の〝気〟が注がれる生き方だ。大宇宙と同調した生き方だ。

このように天風の教えには、人生を溌剌颯爽《はつらつさっそう》と積極的に生きる道が示されている。

それは人生においても、仕事においても、成功と喜びをもたらす道である。

一人でも多くの人に天風哲学に出会ってほしい。本書がお役に立てれば幸いである。

池田　光

もくじ

2章 自分に「負けない」——心の成功法則

3章

人に「求めない」——幸福の成功法則

4章 むやみに「恐れない」――ここ一番の成功法則

5章 心「乱されない」——逆境の成功法則

6章 とにかく「ぶれない」――集中力の成功法則

7章

多少のことでは「疲れない」——健康の成功法則

1章

今日から「迷わない」——人生の成功法則

成功法則——まず「心の置きどころ」を考える

「私にはもう書けない。書くことがなくなったのだ」

作家の宇野千代は、代表作『おはん』を書いてから、ぴたりと筆がとまってしまう。以来十八年もの間、作品が書けなくなってしまった。

作家の命とも言うべき詩想が枯渇《こかつ》したのだとあきらめる。

こんなとき、人の紹介で中村天風の教えに接する。その夜も千代は東京・護国寺の月光殿で開かれていた講演会に参加し、その巧みな話術に引き込まれていた。天風は断言口調で言った。

「できないと思うものはできない。

できると信念することは、どんなことでもできる」

なんと力強い響きであろう。このひと言がきっかけになった。

自分が作品を書けないのは、書けないと思ったからではないか。書けると信じれば書けるようになるのではないか。

そう思い至ると、さっそく原稿用紙を取り出す。ほんの二、三行書いてみる。書ける。また、一枚書く。書ける。

ひょっとしたら、自分は書けるのではあるまいか。そう思ったとたんに、蘇生したように書けるようになったというのである。

宇野千代は、天風のこの教えを「思いがけない、天にも上るような啓示」と呼んでいる。これは宇野千代著『中村天風の生きる手本』（三笠書房、知的生きかた文庫）に出てくるエピソードである。

書けないと思うから、書けない——われわれもこれと似たような思い込みで悩んでいないだろうか。

できないと思うから、できない。

売れないと思うから、売れない。

運が悪いと思うから、不運になる。

失敗すると思うから、成功しない。


書けない、できない、売れない、不運だ、失敗だと落ち込んだとき、心の状態はマイナスになっている。悩めば悩むほど、いっそう心は消極的になり、生命力を萎縮《いしゅく》させてしまう。溌剌颯爽《はつらつさっそう》とした生気に乏しくなってしまう。

こんなときに風邪でも引けば、たちまち心身の状態を悪化させてしまう。冬、厳寒の戸外で、園児たちが上半身裸で飛び回っている幼稚園がある。子供たちは風邪一つ引かない。元気が勝っているからだ。

誰の心にも、もともと強い力が具《そな》わっていると天風は言う。これを「潜勢力《せんせいりょく》」という。

心の態度を積極的にすれば、潜勢力が発揮され、力がみなぎってくる。すると、はた目から見て不可能だと思われることを可能にし、難なく実現させてしまう。

「書ける」と信じた宇野千代が、実際に苦もなく書けるようになったのもそれだ。

できると信じれば、できるようになる。
運がいいと信じれば、幸運がやってくる。
成功すると信じれば、成功する。

積極的な態度を取れば、人は颯爽とプラスの人生を歩むことができる。たとえ失敗しても、それを失敗とは考えずに、成功へのプロセスだと受けとめることだ。次のように、考え方をプラス志向に切り替える言葉を使うのである。

失敗ではない。まだ成功していないのだ。
愚か者ではない。大きな信念の持ち主なのだ。
劣っているのではない。完全でなかったのだ。
完成できないのではない。もう少し時間がかかるのだ。

消極的立場に身を置いて生きるか、積極的立場に身を置いて生きるか。
まことに**「人生は心一つの置きどころ」**なのだ。

天風哲学は「実践的魅力」にあふれている！

「あっ、そうか、と気がついたときが新しいバースディである。自己に新しい百八十度コンバージョン（転換）を与えるバースディをつくるかつくらないかは、あなた方の自覚に待つのみである」

天風は、そのように積極人生への気づきを促している。

宇野千代は、天風の教えを実践して、「書けない宇野千代」から「書ける宇野千代」へとコンバージョンした。この瞬間が、新バースディである。それはこれまでの消極的な人生から、積極人生への新しい出発のとき、と言い換えることができる。

天風哲学の魅力は、このような実践的な知恵に満ちていることであろう。

明治九年に生まれた本名中村三郎《さぶろう》、のちの天風は、昭和四十三年に、九十二歳という高齢で帰霊《きれい》するまでの間、政界・財界の有力者をはじめ、多くの人々に「新バースディ」のきっかけを与え続けた。

天風に直接薫陶《くんとう》を受けた人は、全国で十万人を数えるという。加えて大正八年に活動を始めた現在の財団法人天風会は、天風の後継者たちによって運営され、会員数は累計約百万人にものぼる。

私が天風哲学に出会ったのは、二十六歳のときだ。

当時勤めていた会社で社員教育のスタッフになったばかりの私は、「わが社で天風会の研修を導入するから、君がまず勉強に行ってきなさい」と上司から命令されたのである。

実際に受けてみればわかるというので、天風会が主催する四日間の夏期修練会を体験することになった。

修練会では、天風の創案になる心身統一法を講義と運動と瞑想などから学んでいく。いや講義や運動だけでなく、生活そのものが「統一式生活法」で貫かれていた。

たとえば三度の食事は、**食べる前にみんなで、**

「わっはっは、わっはっは、わっはっは」

と三回笑う。

そうすることで、食事をおいしく楽しくいただく。同じ食べるなら、おいしく楽しく食べようではないかという積極的な食事法である。

また、笑うことによって、消化吸収をよくする。そのため**一口につき五十回噛む。**

私は五十回噛もうと何度も努力したが、三十回足らずで食事が自然に喉を過ぎてしまい、愕然《がくぜん》とした。

知らぬ間に生活が効率主義に冒されていたと気づいたのである。

天風哲学は実践的魅力にあふれている。

一つは実践的な方法論がたくさんあること。

もう一つは、実践を通して理論の確かさに気づけるようになっていることである。

五十回噛もうという私のささやかな実践は、図らずもこれまでの食事法が消化吸収を悪くし、楽しく味わって食べるより効率的に食べるというマイナスの食事法になっていたことに気づかせてくれた。

「わずかなこと」には、もう怒らない

ことは食事にとどまらない。これまでどれほどマイナス言葉を使い、マイナスの生活を送ってきたか、いやと言うほど実感させられた。

「食事前に意識的に笑う」というふつうなら奇妙に受け取られることを、私が平気で受け入れることができたのは、積極的な食事をするほうがいいと納得したからである。

講義は当時の副会長で、四代目会長を務めた杉山彦一先生が担当していた。先生の語り口調はなめらかでリズムがあり、まるで講談のようにおもしろく、私は終始引き込まれていた。たとえばこんな調子である。

――ある人とエレベーターに乗ったときのことだ。

エレベーターの中に「バカ」と落書きがしてあった。

「馬鹿にしている」とその人は憤っていたが、これを**「バ力《りき》（馬力）」と受け取って元気を出す**ことにした。

誰が書いたかわからぬ落書きで、こちらの心が左右されてなるものか。

——入学試験に失敗した学生には、カラスの鳴き声は「阿呆（あほう）」と聞こえる。

同じ鳴き声を、恋人たちは**「果報（かほう）」と聞き、カラスが祝福してくれていると喜ぶ。**

心が暗く消極的になっているときには、聞くもの見るものが癪《しゃく》の種になるものだ。心を積極的にしたほうが断然いいに決まっている。

わずかなことで怒るのは、消極的な態度である。怒らずに、心を積極的にしようという教えを、こんな小さな事例からスタートさせてくれる。いろいろな事例を積み上げて、やがて天風哲学の神髄へと無理なく導き、われわれは力むことなく真理の高みに達することができる。

病気・不運の「正しい治し方」——心身統一法

天風哲学に出会ってから三十年になる。そこから得た有形無形のパワーははかりしれない。その天風哲学の魅力をまとめると、次の五つになる。

①実践的だということ

天風の教えはハウツーに優れている。病気も不運もただ治しなさい、避けなさいと説くのでなく、**こうすれば治るという実践的ノウハウでいっぱい**だ。

天風会員の中には、天風の教えを実践して結核を治した人が多い。いや天風自身が、当時は不治とされていた結核を、医者から見放されながらも、治してしまった当事者だ。天風が体験からつかみ取った秘訣が、実践的なハウツーを行いやすいものにしている。

②効果的だということ

ハウツーを信じて、これを継続的に行えば、必ず成果が出てくる。**やれば効果がある。**効果があったという厳然たる事実が、本当に効果があるのか？　という疑心を屈服させてしまう。天風は断言する。

「信じてやってみたまえ。効果があるから」

③体系的だということ

結核に冒された天風が、インドの奥地に誘われて、修行を行い悟りを開いた結果、なんと結核は自然治癒してしまった。その**悟りに、誰もが達することができるように再構成し、体系化したのが「心身統一法」**だ。これは悟りのプロセスの体系化である。

④哲学的だということ

「我とは何ぞや」という探究の末に、天風は、**我とは生命（霊魂）である**と悟るに至る。この自覚の上に組み立てられたのが、心身統一法だ。友人の天風会員は、「我とは霊魂であるということを、知識ではなく、実感としてつかみ取るところに醍醐味がある。私はその修行をしているんだ」

と言っていた。天風の教えは、確かにハウツーに優れている。それは、このような哲学的背景と一体のものである。哲学を知って実践すれば、正しい目的でハウツーを活用でき、効果もぐんと上がる。

⑤高揚感があること

初めて私が修練会に参加したとき、その帰り道、草花が生命感で鮮やかに輝いているのを見た。**身震いするような感動を持った**が、そういう感動はなにも私一人のものではない。受講者の全員が同様の感動を得ている。

「三日目の朝、石段の横でふとタンポポの花を見つけた。美しいなと思った。その瞬間、修練会に参加してよかったと思った。**私の命は躍動しています。私は変わります**」

と受講者の一人は感想文に書いている。天風の断定口調はからっとして明るく、聞く者、読む者の気持ちを高揚させ、やる気にさせる。

信念煥発法で「目標をはっきり映像化」してみる

先にも述べたように、私は二十六歳のときに、杉山先生を通して天風哲学に出会うことができた。

天風の教えは実践的で効果的である。そんなに効果があるのなら、ようし実際に試してみようと思い、その翌年のこと、ある計画を立てた。

この年、私はちょうど結婚したばかりであった。何事かを決意するには、もってこいの時機である。この節目に、人生目標を立てることにした。計画とは、この人生目標を、天風の教える「信念煥発法《かんぱつほう》」によって達成しようというものだ。

宇野千代を蘇生させた**「できると信念することは、どんなことでもできる」**という教えこそが、**信念煥発法**である。方法論としては、

①心に念願する事柄をはっきりと映像化する
②それをオリンピックの聖火のように燃やし続ける

これだけでよい。要するに目標をイメージ化し、一心に思い続けるのだ。

信念を持てば、願いがかなうというのは本当だろうか。もし本当なら儲けものだと、私はしたたかに計算していた。**そのノウハウを身につければ、人生は思いのままでは**ないか。

私が立てた目標は三つある。一つ目は「家を建てること」、二つ目は「課長になること」、三つ目は「著書を出すこと」である。

ゴールは八年後、三十五歳で目標を達成しようと期限を区切った。この三つの目標は、当時二十七歳のサラリーマンである私には、ひと回り大きな目標であり、実現しそうにないと思った。だが、何としても実現したいことであった。

私は、天風の教えの哲学的部分はひとまず横に置いて、実践効果に期待する気持ちが強かった。効果がなければ、天風哲学を捨ててしまえ、と思っていた。

さて、結果はどうなったか。

たくさんの目標は「あるとき」一気に達成される！

まず「家を建てること」であるが、三十五歳を目前にして、突然バタバタと決まり出した。自分の貯金もさることながら両親が資金援助をしてくれるというのである。

これまでも、そういう話はなくはなかった。しかし機が熟さず、何度も話は壊れていた。

今回ばかりは違った。運よく格好の候補地が見つかり、条件も重なって一気に加速したのだ。そして期限通りに実現した。

二つ目の「課長になること」はどうか。

勤務していた会社で、その頃の最年少課長は三十八歳であった。私は無理を承知で三十五歳で課長になることを目標にしたのだ。たとえ仕事がどんなにうまくいっていても、三十五歳で課長になれなかったら、自分のふがいなさを罰する意味で退職することに決めていた。たとえばその翌年に課長になることが約束されたとしても、こればかりは許さないと二十七歳のときに決めた。

実力があっても、運悪く課長になれないこともあるだろう。

しかし**この運の悪さ自体が駄目なのだ。**「例外を認めない」という覚悟で自分に迫った。

二十七歳のスタート時点では、私は平社員である。三十歳になったとき、ようやく上司が主任に推薦してくれた。もし三十五歳で課長になろうとしたら、遅くとも三十歳で主任に登用されなければメドは立たない。

ところがちょうど人事異動と重なり、副社長が率いる経営企画室へ異動することになった。新しく上司となった副社長は、まだ早すぎると判断して、主任登用はお預けになってしまった。

私が主任に登用されたのは、それから三年後の三十三歳である。これでは、通常のステップでは三十五歳で課長にはなれないと思ったが、ここであきらめるという消極的態度は取らなかった。

その後、企業内分権として経営コンサルティング部門が創設されたため、三十四歳でその責任者になった私は、一年後の三十五歳のときに目標通り課長になったのである。つまり**役割が先に決まり、後から追いかけてくるように課長という職位に就くことができた**のだ。

三つ目の「著書を出すこと」はどうか。

私のいた会社で、在職中に著書を出したという前例はなかった。しかし独立採算で経営コンサルティング部門を運営するためには、宣伝用として著書の一つもなければ駄目だ。そう思い、周囲を説き伏せて積極的に出版の話を持ちかけて歩くことにした。最初に相談したある新聞社から、まずは原稿を雑誌に連載して、読者の反響がよければ出版しよう、という回答を得た。

連載記事を書き始めてから一年二カ月後、単行本は首尾よく出版されたものの、わずかの差で私の三十六歳のときにさしかかってしまった。

しかしこちらのほうも、ほぼ目標通りに達成することができたと言えるのではないだろうか。

こうして結果だけを見ると、順調に成功したように見えるかもしれない。

しかし私は、八年間を通して、熱心に目標を思い続け、信念をオリンピックの聖火のように燃やし続けたかというと、そうではない。途中で自信がなくなり、集中できなくなり、果ては信念がゆらぎだして、幾度も火を消してしまった。

しかし投げ出すことはしなかった。

やっぱりやろうと気を持ち直し、積極的な気持ちを取り戻しては、自分の信念に火をつけ直した。消えたり、つけたりの繰り返しであった。

こんな不完全な心の持ち方ではあっても、結果的に、自分の目標をかなえることに成功した。それは不連続ながらも、八年間なんとか思い続けることができたからだと思う。

くじけながらも、やり続けたおかげで結果が生まれた。結果が出たという事実が、本当にこんなやり方で実現するのか——という私のちっぽけな疑念を吹き飛ばしてしまった。

ところで、もしその信念が微動だにしなかったならば、もっとスムーズに、そして早く三つの目標は実現したに違いない。

実感！　潜在意識の「巨大な力」

天風哲学には、私の体験のように、自分の定めた目標から実践していくことができるという強みがある。

「信じれば実現する」という実践論から入り、実際の効果を求めながら、積極的な態度を身につけていってていいのだ。

もちろんこれは、天風哲学を学ぶ上での方便である。

方便とは仏教用語で、人それぞれの状態や悩みに応じて、救いを講じたり、理解させたりしながら、悟りに導くことをいう。つまりその人、その人に合わせて、納得しやすい教えから実践してもらう手段や方法のことである。

「『論より証拠』だ。信じてやってみたまえ。効果があるから。効果があったという厳然たる事実が、教えを納得させるだろう。納得したならば、この道を歩み続けるがいい」

天風はそう元気づけているように思う。

そして、方便としては、先ほどの「信念煥発法」から始めるのがよい。

天風は言う。

「信念が確固不抜のものになれば、

こうなりたいと**念願することがすべて思い通りにかなってくる**」

これが信念煥発法だ。信念を持てば、願望がすべて思い通りにかなう。その方法は先ほども述べたが、

①心に念願する事柄をはっきりと映像化する

②それをオリンピックの聖火のように燃やし続ける

というものである。

しかし、この燃やし続けるということが難しい。そこで天風は、

③自己暗示を並行して用いること

をすすめている。

毎日、継続的に自分に暗示をかけるのだ。**鏡に向かい、映った顔の眉間に向かって、命令的な口調で暗示を与える。**

「家を建てよ」
「課長になれ」
「著書を出せ」

と、繰り返し心にイメージを描くことと自己暗示を行い続けることで、**力の源である潜在意識に働きかける。**

潜在意識は、

●人間の生命を生かし、守る働きがある。

●また、実在意識の思い描くものを実現させるように努力する傾向がある。

信念煥発法のからくりは、潜在意識が持っている後者の作用を、効果的に発揮させるところにある。そうすれば、その人の思い描き方、考え方の線に沿って、潜在意識は巨大な力を発揮する。

修練会で「天風哲学」の威力を体験した一人が、感想文にこう決意をしている。

天風哲学体験談❶

「自分だけの山」を目指す！

会社に入って七年になりますが、修練会に来る前まで、目標や信念もあるようではっきりしませんでした。

しかし今は違います。天風精神でコンバージョンを図り、信念を持ち、潜在意識をプラスにして、目標に向かいます。目標をやり遂げた満足感を私は早く噛み締めたいと思い、意欲に燃えています。（二十九歳・男性。『修練会感想文集』より。以下同）

朝、歯を磨くように「当たり前に成功してしまう」

前項で見てきたように、天風は、自己暗示を併用しなさいと教えた。このちょっとしたアドバイスが実によく効く。実際にやってみるとわかるはずだ。

信念を燃やし続けるというだけでは精神論であり、至難の業である。しかし自己暗示なら、歯磨きを朝晩するのと同じように淡々と繰り返すだけ。習慣にすればたやすく実行できる。

天風の「信念煥発法」は願望をイメージ化し、実現を信じることが願望実現に欠かせないものであった。ここに**自己暗示法が加わることによって、実現を信じる気持ちが強化される。継続する。**目標達成の秘訣は、この自己暗示法にあると言って、過言ではない。

実は天風は、心を積極的にするために暗示法を一つの方法論にまで高めている。これを「観念要素の更改法」と言う。詳細は、三章で紹介する。

さて、天風哲学に納得し、自己暗示を併用するというアドバイスのおかげで、私は、三つの目標をまがりなりにも八年間思い続けることができたのだと思う。

そして、三つの目標を達成してから三年後、私は三十八歳でサラリーマン生活にさよならし、独立した。新しい目標に向かって一歩を踏み出した。

経営コンサルティングと能力開発を、専門にして取り組もうと決意したのだ。

「寄らば大樹の陰」という環境を捨てたとき、天風哲学はいっそう心に響いてくるように思う。

天風の教えは深い。友人の天風会員が言ったような、

「我とは霊魂であるということを、**知識ではなく、実感としてつかみ取る**ところに醍醐味がある。私はその修行をしているんだ」

という、天風の悟りの追体験は、まだまだ私の及ぶところではない。

独立した当時の私は、リスキーな毎日を積極的に生き抜く指針として天風哲学を心のよりどころにしていた。

天風の教えには、人生においても、仕事においても、成功と喜びをもたらす積極的

生き方の知恵が満ちあふれている。溌剌颯爽《はつらつさつそう》と生きる道が示されている。

天風の教えの道を歩めば、あなたの人生は必ず好転する。

奇跡が起きても何ら不思議ではない。次章では、天風自身に起きた奇跡を紹介する。このような奇跡を起こす原理を天風は解明した。そうしてその原理を展開して、天風の歩んだ道を誰にでも追体験できるシステムを創案した。「心身統一法」が、このシステムにほかならない。

本書は、この悟りへのシステムをわかりやすく、実践的に紹介するものだ。奇跡を起こすことが目的ではない。確かに、この道を歩めば奇跡は起こるだろう。しかし、奇跡を起こすことは第二義的なもので、本当の目的は、この道を歩むということなのである。この道とは、あなたの人生を、生きがいのあるものにする道である。幸せになる道である。

あなたの一度しかないこの人生で、幸せを味わいつつ、この手でがっちりと成功をつかんでいただきたい。

2章

自分に「負けない」——心の成功法則

人生「できるだけ多くの喜びを味わう」法

晩年の講演で天風は、

「死線の上で何年かの間生きていたという、あの特別の境涯の中から天風哲学は生まれ出たんだ」

と述懐している。天風の言う「特別の境涯」とは、日露戦争前後の満州で、軍事探偵（今でいう諜報員）に従事した頃を指している。

生死を超えたこの時期の体験や、ヨガの里での修行は、やがて心身統一法へと昇華されていった。今なお多くの人々を魅了してやまない天風哲学は、こうして生まれたのである。

天風の人生観は、

「自己の命に、できるだけ喜びを多く味わわせて人生を生きる」

というものである。

軍事探偵の体験を重ね合わせると、その深みが判然とする。

軍事探偵の身の上は、

「明日ありと思う心の徒桜《あだざくら》　夜半《よわ》に嵐の吹かぬものかは」

という歌そのままだと天風は言う。これは親鸞《しんらん》の歌である。天風が講演でよく引用する歌だ。

死線にあっては、いつ果てるとも知れない命である。今夜、散ったとしても文句は言えない。

どんな境涯にあっても、その刹那その刹那に喜びを味わおう――これは、死と隣り合わせにある者が、肯定的に「生」を見据えたときに会得する人生の構え方であろう。単なる享楽主義ではない。そんな生易しいものではない。

天風は言う。

「七日間、首かせ、手かせをはめられて、満州でもって土牢におっぽり込まれたとき

に、

生まれながらこうだと思えば、何でもねえじゃねえか——

そう悟れたんだ」

心の持ち方を変えることで、天風は、首かせと手かせをはめられているという不自由から、自分自身を解き放してしまう。

なんと天風は、この誰にもまねのできない体験が楽しかったと回想している。

「辛いと思ったら、一日も生きられるもんじゃない」

どんな境涯にあっても、その刹那に喜びを味わうというのが、天風の人生観なのだ。

天風の教えは、そのたぐいまれな人生体験と深く結びついている。観念論ではないところに重みと独自性がある。

天風が、こうした悟りを開くまでの半生を見ていきたい。

一番大事なのは「怒らないこと」

明治九年七月三十日、中村天風は、東京府豊島郡王子村（現在の東京都北区王子）に生まれた。本名を三郎という。

父の中村祐興《すけおき》は、九州柳川藩主立花家の一門の出身である。天風の生まれる二年前に、時の大蔵大輔《たいふ》、渋沢栄一に高くかわれ、大蔵省紙幣寮に出仕した。抄紙《しょうし》部長（印刷局長）として功績を上げ、技術面では紙幣用紙の改良に尽くし、中村紙という上質用紙を開発している。

母親の腹から出てきた天風には、すでに前歯が二本生えていたという逸話がある。真偽のほどはわからないが、これもまた英雄伝説であろう。その誕生の並ならぬことを心配した母は、易者に相談した。

「この子は、よほど気をつけないと、石川五右衛門のようになる」

と鑑定され、両親はその行く末を案じたという。

六歳から天風は剣道の稽古を始め、のちに柳川藩に伝わる剣術・随変流《ずいへん》を極めた。「天風」の俗名は、身体を回転させながら剣を抜くという随変流の抜刀法「天《あま》つ風《かぜ》」に由来する。恩師の頭山満《とうやまみつる》が、

「天つ風をよく抜くのう。天風と名乗れ」

と言ったのである。未完の草稿ながら、天風直伝の『随変流刀法』（天風会二代目会長の安武貞雄筆写）が保管されているという。

少年期の天風はちょっとしたことにでもすぐ激昂し、ひとたび喧嘩をすれば、相手の指をへし折るか、耳を引きちぎるまで徹底しないと気が済まなかった。後年、天風は自分の性格を次のように分析している。

恐れること、憎むこと、うらやましがることはなかったが、

「怒ることは、私は自分でも、恥ずかしいくらいの、のべつ怒ってたというような人生だった」

「織田信長の小さいときの伝記を読むと、さながらオレのようだったなと思う」

天風哲学では、

「怒らず、恐れず、悲しまず」

を三忽《さんこつ》として教えているが、第一番目に「怒らず」がくるのは、その語感のためでもあろうが、天風の自戒が込められているのではなかろうか。

小学校を卒《お》えた天風は、九州福岡へと移り、修猷館《しゅうゆうかん》（今の修猷館高校）に入学する。

ある日、二十四連隊が学校の前を通ろうとしたとき、校内から石を投げた者がいた。石が当たった兵のすぐ前には、運悪くも軍旗を奉じた旗手がいた。

「軍旗に石を投げるとは不敬にあたる」

として軍隊は学校を包囲してしまった。

「犯人を引き渡せ」

と強硬な姿勢で迫ってくる。だが名乗り出る者はなく、夕暮れが迫る。

「オレが投げたんです」

とようやく名乗り出たのは天風であった。しかし軍隊はその自白を疑ってかかる。

「どこから投げた」

「忘れちゃったい」

「貴様、罪を背負って出てきたな。証拠がなければ、罪にすることはできない」

それなら罪をつくればいいんだなと、天風は連隊長に向かって金物の灰皿を投げつけた。その場で天風は捕らえられ、営倉に入れられる。知事のとりなしで、天風は釈放になったものの、ことの責任を追及されて連隊長が一時休職に処せられる、といった騒動があった。

その頃、天風は剣道だけでなく、柔道にも励んでいる。

熊本の中学校との間で柔道の試合が行われた。試合には天風の側の修猷館が勝った。これを逆恨みした対戦相手が、仲間十一人を引き連れて天風を囲み、袋叩きにしてしまったのである。

翌日、天風は一人ひとりの家へ単身で乗り込み、敵討ちしていった。最後に訪問したのが、大将格の相手だった。

相手は、台所から出刃包丁をつかむと躍りかかってきた。二人が激しく揉み合ううちに、包丁は相手の腹に刺さり、出血多量で死亡した。

天風は正当防衛が認められ、無罪になったが、学校は退学となった。

「大きく、深く、温かく」――泰然自若のコツ

この事件の後、明治二十五年、天風は頭山満の玄洋社《げんようしゃ》に預けられることになった。

頭山満は、明治九年、明治政府の近代化政策に不満を抱く士族らが起こした「萩の乱」に坐して入獄し、出獄後は自由民権運動にしたがい、明治十四年に玄洋社を設立していた。

天風が預けられたとき、頭山はまだ三十七歳であったが、すでに自由民権運動の大物として知られていた。玄洋社には、血気さかんな若者が集まり、真冬でも石畳の上で柔道をやっていたという。

ある日、軍事探偵の河野《こうの》金吉《きんきち》という陸軍中佐が玄洋社を訪れた。

「命知らずの若い者はおらんか」

という相談である。鞄持ちを一人連れていきたいというのである。

頭山から天風が推薦され、河野にしたがって大連から遼東半島へ潜入し、錦州城、九連城の偵察にあたった。「これが数奇な運命のサイコロの振りはじめだ」と天風は回想する。天風にはこの仕事が性に合っていたようだ。それから十年後、軍事探偵として縦横無尽の活躍をすることになる。

さて天風が終生、恩師として仰いだ人物が二人いる。一人はこれから述べる頭山満。もう一人はインドの師カリアッパ。ここではまず、そのうちの一人、頭山満の人物についで見ておきたい。

天風が恩師の頭山満に見出し、あこがれたのは、その泰然自若とした大将の器であった。その器は大きく、深く、温かく、相手を包み込んでしまう偉大さに満ちていた。頭山の人物を知る上で、次のエピソードは興味深い。

あるとき、頭山に会いたいと長年願っていた侠客《きょうかく》の親分が玄洋社にやってきた。彼は面談を果たしたあとで、

「なんだ、ただの爺じゃねえか。女の話ばかりして」

と評した。すると頭山のところに身を寄せていた孫文《そんぶん》（そののち天風は第二次辛亥《しんがい》革命のとき、応援を要請され最高政務顧問として孫文を助けることになる）が、

「あれが偉いんだ。あれだけポーッとしていながら、誰でもあの人の言うことを聞き、あの人のためならすぐ命を捨てようとする者が幾人もいるんだ。ふつうの人間にはあれができないいんだ」

と諭している。「哲人、赤子のごとし」「大人《たいじん》の対接態度は凡人のごとし」という言葉を引いて、天風は頭山満の偉さを評している。

この**泰然自若とした境地を、天風は「絶対積極」と呼んでいる。**

絶対積極とはどういうことか。たとえば「負けるものか」「よしやってやろう」という積極とはひと味違っている。マイナスになりがちな心を、プラスにしようと鼓舞する積極はもちろん必要だ。だが、まだまだ本物の積極ではない。相対的な積極である。

本当に心が積極的になると、**プラス・マイナスを超えた泰然自若の境地**に至る。これが絶対積極だ。天風は、絶対積極の境地にいる人物、頭山から絶大な影響を受けたのである。

昨今、経営環境が多様化し、小手先の経営手法では通用しない中、今求められているのは強力なリーダーシップではないだろうか。こんなときこそ、リーダーたるものは泰然自若として、正しい方向を描き、指し示す必要がある。

「度胸の神様」に教わる

十八歳のとき、天風は初めて真剣勝負をした。相手は満州の馬賊である。雲をつくような大男が、青竜刀をブンブン振り回して示威行為を始める。一種の心理作戦だ。天風は仕込み杖を抜いて構えるが、震えているか、息をしているか、わからない状態におちいる。馬賊の大男がゆっくりと踏み込んでくる。

このとき天風の脳裏に、閃光のように一つの情景がひらめいた。幼少の天風に、祖父が毎晩繰り返し教えた場面が浮かんだのである。

「よく眼《まなこ》を据えて爺の額を見ろ」

額には三日月の刀傷がある。

「爺がこの傷だけで命びろいしたのは、しいだま（度胸）があったからじゃ。いざというときは度胸ぞ」

「真剣勝負は腕前ではない、度胸ぞ――」

その情景がひらめいた瞬間には、すでに天風は斬り込んでいた。どう斬り込んだのか、気がついたときには相手を倒していた。幼少の頃に潜在意識に刻印された暗示が、天風を救ったのである。

明治三十七年、日露戦争が勃発する。翌年三月、日本陸軍二十五万、露軍三十二万が奉天を中心とする戦線で激突した。また海軍にあっては、同年五月、東郷平八郎大将の率いる連合艦隊が日本海においてバルチック艦隊を迎え撃ち、撃滅した。

天風は、開戦の二年前から、軍事探偵として満州に潜入している。

松花江《しょうかこう》の鉄橋を爆破するという任務を受けた天風は、仲間とともに、レールの下に爆薬を仕掛けるという工作を行う。三十分毎に警備する兵が回ってくる。その間に穴を掘り、一升の火薬を埋め、導火線だけを地上に出しておく。

一人が残り、巻きたばこの火を点火する。この役割が、命知らずの仲間たちにもできない。しくじれば自分が吹き飛ばされてしまう。手が震えるのだ。仮に点火しても湿っていると、途中で消えてしまう。着火しているか、ぎりぎりのところまで見守らなくてはならない。この任務を平気でこなしたのは、天風だけだった。

五月のある日、天風はコザック騎兵に捕らえられ、死刑を宣告された。

「明日の朝、鉄砲で撃たれるんだぜ」

と牢番がひやかすが、とりあわずに天風はぐっすりと寝る。棒杭にゆわえつけられ、銃殺寸前というところで、救出に来た味方が手榴弾を投げた。棒杭もろとも吹き飛ばされ、そのまま天風を仲間が半分背負うようにして駆け出す。

「おい、オレが背中に背負っている棒を取れ」

救いに来た仲間のほうが慌てている。

「あんたって人は、どこまで平静でいられるんですか。度胸の神様みたいだ」

と、その仲間は嘆息した。

中国各地に放たれた百十三人の軍事探偵のうち、大連に辿り着いたのはわずか九人に過ぎなかったという。コザック兵に捕らえられてから刑場までの天風の活躍を題材に、当時の売れっ子作家・竹田敏彦が脚本を書き、昭和七年に『満州秘聞』として新国劇で上演されている。この頃の活躍ぶりは、また浪花節にも唄われた。

心が折れそうなときの「気の持ち方」

日露戦争が終結した翌年の明治三十九年、天風は陸軍の高等通訳官の任務に就くことになった。

三カ月がたったある朝、天風が顔を洗っていると、胸の奥から込み上げてくるものがある。と、息詰まるようにして喀血した。奔馬性《ほんばせい》の肺結核に罹《かか》っていたのだ。馬が駆けるように急速に悪化することから「奔馬性」と名づけられる悪性の結核である。明治末期に結核と診断されることは、死を宣告されるに等しい。

当時の結核の最高権威と言われた北里袈裟《けさ》三郎《さぶろう》博士の治療を受けたが、好転しそうにもなかった。

病床にあった天風を、ある夜母が見舞いに来た。皓々《こうこう》とした月が夜空を照らし黄金色に輝いている。

「見てごらん。きれいなお月さまだよ」

幾分かでも息子の気分を転換したいと思ったのだろう。母は看護の者に頼んで、月の見える縁側に布団を引き寄せた。しかし天風は黙って縁側に背を向けたまま月を見ようとしなかった。母は何も言わず布団をもとに戻した。

かつて少年時代に「玄洋社の豹」、軍事探偵時代には「人斬り天風」とあだ名されたのが嘘か幻であったかのように、心が弱くなっている。病に負けている。このささやかな出来事はそう天風に気づかせるものであった。

何とかして**気持ちの持ち方を変えなければならない**と、天風は自らを叱咤した。

父のつてで訪れたキリスト教の牧師は、

「ひたすら懺悔《ざんげ》し、ひたむきに神に祈れ」

と教えた。次にやってきた著名な禅僧は、

「肺病みの若い者はおまえか、馬鹿者め」

と言い捨てて出ていってしまった。どちらにも救いはなかった。

ある日、竹馬の友が一冊の本を持ってきた。ローラン・スウェッド・マーデンが著した『いかにすれば希望を達し得るか』(How To Get What You Want?)という題名の本だ。原書で読んだ。まだ日本語には訳されていなかった。「不幸にも多くの人々は、自分自身を、強い面から評価しないで、弱い面から判断する」という内容が述べられていた。では、**強い面から生きていくにはどうしたらいいのか。**ここに自分が求めている救いがあるのではないだろうか。天風は直接マーデンに会って教えを受けようと決意する。

だが結核患者に渡航の許可は下りない。つてを辿って、孫文の第三夫人の甥になりすまし、孫逸郎《そんいつろう》と名乗って上海に出た。そこからアメリカに渡った。密航である。

アメリカに渡った天風は胸躍らせてマーデンを訪ねた。マーデンは、

「わが著書を暗記するまで読め。そうすれば救われるだろう」

と言った。

「私は病を持っています。五十ぺんも読まないうちに死んだらどうしましょう」

とすがると、

「真理を知らずして死ぬ者よりも、一歩といえども真理に近づいて死ぬ者、汝は幸いなり」と答えた。

これでは救いにならない。失望してマーデンの家を去った。

「一日に三回、大きく笑う」心の健康法

失意の天風のもとに、アメリカ公使館の芳沢謙吉書記官から、「カーリントン博士に会ったらどうか」とすすめがきた。芳沢は天風の親戚にあたり、のちに外務大臣になっている。

哲学者カーリントンは、エジソンが電気ショックで受けた神経病を治している。多額の謝礼を払って、教えを乞い求める天風に、

「お若いのに心を求めるとは尊い。一生その尊さを失わず生きなさいよ。また連絡してきなさい」

と言い残すと部屋から出ていってしまった。

褒められても、解決にはならない。

日本を出るとき、当時の金で五万円という大金を持って渡米したが、もはやその大

半を使い果たしていた。

困っていた天風に芳沢は、

「おまえは英語と中国語もできるから、それを生かしたうってつけの仕事がある」

と、通訳の仕事を紹介してきた。

依頼主は華僑の留学生で、妻子とともに豪華なホテルで暮らしていた。コロンビア大学へ医学の勉強に来たのだが、英語が皆目わからない。代わりに授業に出席して学位を取ってくれというのだ。これを引き受けて多額の謝礼を手にした。

天風は、華僑の留学生の名で耳鼻咽喉科の授業を受けた。同時に、渡米のとき以来使っている孫逸郎の偽名でコロンビア大学に入学し、基礎医学を学び、学位を得ている。

アメリカに失望した天風は、多額の謝礼金をもとに、伝統の国イギリスに渡る決意をする。体重は五十キロ余にやせ衰え、休養の後、ロンドンでは高名なH・アデントン・ブリュースの講習会に参加した。

ブリュースは講習の最終日に、病の治る秘訣を教えるという。最終日の講義でブリュースは結論を述べた。

「その秘訣とは、病を考えないことだ。病を忘れよ。これが秘訣だ」

講習の後で質問にきた天風に、ブリュースは、

「何をおいてもその体を治せよ。その体を治さなければ強くならない」

と言うにとどまった。天風が求めているのは、病を忘れることで救われるならば、その肝心の病を忘れる方法である。

しかし、方法論を教えてはくれなかった。

そんなとき、天風の苦悩を見かねた日本の商社幹部が声をかけた。

「生命や人生のことならフランスだよ。いい人を紹介しよう」

紹介状を手に、ドーバー海峡を越えてフランスに渡った。紹介先は、有名なオペラ女優のサラ・ベルナールであった。

サラ・ベルナールは六十五歳くらいと聞かされていたが、娘のように若く見えた。

「若さの秘訣は?」

と天風は尋ねると、

「日に三回、赤子の心になることよ。それには食事のときに笑うの。笑えば食べ物もおいしくなるし、消化にもいいわ」

と歌うように答えた。食事前に笑うという天風会の習慣は、こんなところに端を発しているのかもしれない。

笑うことで消化液の分泌が促進されてくる。ドイツの田舎に「回春園」という療養所があり、門には「自然にかえれ」と書かれている。

この療養所では必ず食事の前に笑う。**恥ずかしそうに笑うのではなく、堂々と大きな声を出して笑う。**天風は後年、この療養所にヒントを得て食事の前に笑うのだと言っているが、サラ・ベルナールの影響も見逃せないだろう。

さて、サラ・ベルナールの紹介で、天風はリヨン大学のリンドラー博士を訪ねる。リンドラーの方法は、鏡を使った自己暗示法であった。後年、天風はこの方法を発展させ、観念要素の更改法を編み出している。

サラ・ベルナールはさらに、「ドリーシュ博士にお教えを受けたら」とすすめた。ハンス・ドリーシュは、動物学者、哲学者として世界的に著名であった。一九〇九年から三三年までハイデルベルク、ケルン、ライプチヒ各大学の哲学教授を歴任している。

天風はさっそくドイツに赴き、サラ・ベルナールの紹介状を携えてドリーシュを訪

ねた。天風は自分の身の上を語り、

「心と体はどんな関係にあるのでしょう。どうすれば再び心を強くできるのでしょう」

と懸命に尋ねた。ドリーシュの答えは、

「体と違って心というものは、なかなか自由にできるものではない。もしも人間が自分の心のコントロールを思う通りにできれば、哲学も宗教もこの世に生まれはしない」

というものであった。そしてきっぱりと、

「心というものは人間の自由にならないものだ」

と断言した。

この言葉が、アメリカから欧州にわたる求道の旅の最終結論のように響いた。心は自由にならないのであろうか。

「オレは日本に帰ろう。生まれ故郷の祖国の土になったほうがいい。桜の咲く国、富士山のある国。せめて死ぬのだけは日本で死のう」

二年間の旅に終止符を打ち、帰国を決意する。

一九一一年五月二十五日、小雨のそぼ降るマルセイユのほの暗い港を、日本に帰るつもりで天風は旅立った。

このとき「あなたは運命の人と出会う！」

天風はペナン行きの貨物船に乗った。ペナンに着いた後は、そこから上海行きの船に乗る心積もりだった。

マルセイユを発って二週間目に、イタリアの砲艦が座礁するという事故が起こった。その頃のスエズ運河は狭い。天風の乗った船は通れなくなったのである。

船はエジプトのアレキサンドリア港に停泊した。夕刻前に、病でふらつく足で食堂に入った天風は、そこでヨガの聖者カリアッパ師と出会う。

それは不思議な光景であった。

薄紫のガウンを着た男が、椅子に腰かけて食卓を前にしている。その後ろにいる二人の男が、孔雀の大きな羽根で、ブンブン飛んでくる蝿を追っている。

扇いでいる羽根の間隙《かんげき》を縫って、親指の先くらいの大きな蝿が、その男の食卓に舞い降り、動き始めた。当時はそのような大きな蝿がいたそうだ。

さて、ガウンの男がギュッと指をさすと、蝿は生きたまま微動だにしなくなる。それを後ろの男が長い箸で捕まえては脇の灰皿の中に捨てている。

天風がその光景に目を奪われていると、

「こっちへこい」

と男が流暢な英語で呼ぶ。天風はその男に引き寄せられるように近づく。

「おまえ、右の胸に非常な病を持っているね」

「わかりますか」

「イエス、インスピレーション」

と男は言った。続けて、

「何の必要があって、おまえは自分の墓を掘りに行くのだ。誰に命じられた」

「誰にも命じられません。私は救われるためにやるだけのことはやってきました。しかし得るものはなく、どうせ死ぬなら生まれ故郷の土になろうと決めたのです」

「おまえは、まだ死ぬ運命にはない。それを自分で死のうとする。こんな慌て者があるか。おまえが知らない方法で、おまえが助かる方法がある。私についてくるがよい」

このとき天風は、ごく自然に、

「サーテンリー（かしこまりました）」

と答えていた。天風が運命をまかせたこの男こそ、ヨガの聖者カリアッパ師であった。恩師頭山満と並んで、天風が生涯師と仰ぐことになる人物である。このカリアッパ師とはどういう人物なのか。

「カリアッパ師は、ラマ教におけるカルマ・カギュ派の第十五世管長であり、正式の名前を『カルマッパ・カキャブ・ドルジェ』という。カルマ・カギュ派はラマ教の中でも名門の宗派であるという。この宗派は、教理よりも行法の実践を重視する。

カリアッパ師は一八七一年に生まれ、一九二二年に帰霊した。村人たちは心からカリアッパ師を慕い、実物大の木製坐像をつくり、今も寺に祀《まつ》っているという」（清水榮一著『一回限りの人生』より要約）

という説がある。しかし、これも一説に過ぎない。本当のところはよくわからない。ただ天風の命の恩人であり、天風が後年「心身統一法」を創案するその源流となったヨガの聖者であったということだ。

そのカリアッパ師に天風は、まことに不思議な縁で出会った。このような出会いはきわめてまれなことと言わなければならない。

佐保田鶴治著『解説ヨーガ・スートラ』によれば、「導師との出会いは、グルとの個人的な、そして神秘的な因縁、すなわちつながりがないと起こらない」という。

「因縁がなければ、グルたる資格を具えたヨーギーが目の前にいたとしても、その人をグルとして選ぶことができずに終わってしまうのである。だからインドに生まれたインド人といえども、真のグルを見出すことはほとんど不可能に近いのである。まして、外国人はどんなにヨーガ修行に熱情を燃やしてみても、インドでグルに会うことは断念する外ない」(同書)

出会いのキーワードは「因縁」である。グルに出会う準備ができたとき、グルはその人の前に出現するといったような、因縁の力が働くのだ。

天風は死病を得ることで「心」の探究を始め、世界に向けて求道の旅に出る。二年もの間、欧米に「答え」を求めたが得られなかった。こうしたことのすべてが、グルとの出会いの準備と言えないだろうか。

後日、ヨガの里でカリアッパ師は天風に言って聞かせた。

「自分の病に感謝しなさい。**病があるばかりに、こうやって一生懸命、人生の真理を**

求める気持ちになったんだろう。もしもおまえが病でなかったら、ほかへ行ってしまっただろう」

天風はカリアッパ師に導かれて、ヨガの秘境、カンチェンジュンガ山麓のゴーク村に入っていく。そこで数年間、難行苦行を行うことになる。

この間のいっさいは、天風の記憶に鮮明に刻み込まれている。たとえば、マルセイユ港を出港するときの日付は正確に記憶されている。これは天風の生涯にとって忘れられない出来事が続いたからであろう。マルセイユ港を出たのは、一九一一年五月二十五日だった。その二週間目にカリアッパ師と出会う。単純に計算すれば、運命の出会いの日は、六月八日となる。

天風は、それから八年後の一九一九年六月八日、いっさいの社会的地位、財産を放棄し、辻に立って心身統一法の宣布を始める。なぜ六月八日なのか。天風は、

「お釈迦さまは七月八日に始めたっていうから、オレは六月八日だ」

と笑って語るが、この六月八日とは、おそらく聖者カリアッパ師との記念すべき邂逅の日であったからではないだろうか。

一つ欲しければ必ず「一つ捨てる」
——心の原理原則

カリアッパ師に導かれて、インドに向かっての旅が始まった。

インドの東北部、ヒマラヤ連山の東の端に、標高八六〇〇メートルのカンチェンジュンガがそびえ立つ。その山麓の寒村に一行は辿り着いた。

ある日、天風は村人に、ここがどこなのかを聞いた。村人は、

「ここはおまえのいるところで、オレのいるところだ」

と答えた。

なるほど、その通りだ。この答えに満足した天風は、インドの奥地にいることを知らないまま、修行に励むことになる。

天風はカリアッパ師に指導され、一塁打、二塁打級の小さな悟りを累積していく。

やがて**決定打とも言うべき本塁打級の悟りを開いたとき、天風の物の見方は大きく転**

換し、ゆるぎない信念の人となるのである。

村ではカリアッパ師は一身に尊敬を集めていた。

階級制度が厳しく、カリアッパ師は最高地位のバラモン（神、司祭の族）であり、その下に、クシャトリア（王侯・武士階級）、バイシャ（庶民）と続く。天風は最下級のスードラ（奴隷）として村に入れられた。スードラは羊や馬といった家畜よりも下に位置づけられていた。

聖者カリアッパ師と天風は、村では聖者と奴隷の関係である。天風は、遠くから聖者の姿を仰ぎ見るだけで、言葉を交わすこともできない。いつになったら教えを受けることができるのか。ひたすら待つが、いっこうにその気配はない。意を決した天風は、聖者の前にひれ伏して尋ねた。

「おまえは助かるとエジプトで約束されました。その教えはいついただけるのでしょうか」

聖者は言った。

「ここへ着いたときから、私は教える準備ができている。しかし、おまえのほうには準備ができていない。おまえの準備ができてからだ」

「いえ、私のほうにもできています」

と天風は、聖者の次の答えを待った。それには答えず、聖者は妙なことを命じた。

「では、丼《どんぶり》に水をいっぱいついで、ここへ運ぶように」

天風が指示通りに従うと、次に、

「湯を持ってこい」

と命じる。用意が整うと、聖者は、

「丼の中に湯を入れてみよ」

と言った。天風にはばかばかしく感じられ、

「いっぱい入っている水の上から湯を注ぎますと、両方こぼれてしまいます」

と答えた。

次の瞬間、聖者は厳しく諭した。

「丼の水がおまえだ。おまえの頭の中には、今までの屁理屈がいっぱい入ったままではないか。いくら私の教えを湯のように注いでも、おまえには受け取ることはできない」

ハッと天風は気づいた。それが伝わったのであろう、聖者は、

「よろしい。生まれたての赤ん坊になって、今夜から私のところに来なさい」と包むように言った。

この日から聖者のそばで天風は新しい学びを始めていく。

既存の知識を捨てることを**アンラーニング（学習棄却）**という。

新しいことを学ぶ場合、特にそれが新しい考え方である場合は、既存の知識をアンラーニングしない限り、新しい知識を学び取ることはできない。頭の中の古い知識が、色眼鏡となって、自分に都合よく解釈させてしまうからだ。これでは既存の知識の強化でしかない。

このことをカリアッパ師は危惧したのであろう。

ビジネス界でも、アンラーニングの必要性は高まっている。経営環境の本質的変化に対しては、アンラーニングが一つの武器になる。

捨てた者こそ、新しい学びを始めることができる。学習とは、獲得と棄却の両立にあることを気づかせるエピソードである。

体と心から「痛みが消えていく」苦痛リセット法

天風は、毎日六キロメートルの山道を登り、山の上で瞑想するという修行に入った。山上への行き帰りに、十キロ以上もある石を背負わされる。ひたすらに石を背負って歩き、石を傍らに置いて瞑想し、また背負って帰るだけのことである。

病に冒されている天風には、自分の身一つでも山道はこたえる。なぜ石を背負うのか納得がいかなかった。

「何のために石を使うのですか」

と天風は耐えかねて聖者に尋ねた。聖者カリアッパ師の答えは、

「すでに使っている」

というものであった。天風には合点がいかない。逆に聖者が問う。

「おまえは健康なとき、体重はどれくらいあったか」

「六十キロです」

病身の今とは、十キロ以上もの差がある。聖者はさらに問う。

「そのとき、自分の体が重いと思ったか」

もちろん重いとは思わない。そうか、天風は気づいた。背負わされていると思ったから苦痛だったのだ。

「石も自分の体重だと思えば、何でもない――」

このとき天風は、軍事探偵時代の境涯を思い浮かべた。死線にあっても、いつも楽しさを感じていた。敵に捕らえられ、首かせや手かせをはめられて土牢に入れられたときも、**生まれながらこの状態だと思うことにした。**すると、苦痛ではなくなった。

それが今ではどうだ。体を病んだだけで、石を背負うことに苦痛を感じるとは。オレの心の持ち方一つだ。心を積極的にしなければ……。

修行の行き帰りに石を背負うという日常生活の中で、天風の健康は着実に回復していく。一年半を過ぎた頃には、体重は五十五、六キロに増えていた。

心を浄化する「天の声を聞くトレーニング」

このような一塁打、二塁打級の悟りを累積させながら、やがて天風は本塁打級の大きな悟りを開くときがくる。

聖者カリアッパ師が、天風の瞑想に指定した場所は、滝の轟音が耳をつんざく場所だった。聖者は課題を投げかけた。

「ここで地の声を聞け」

地の声とは、地上にある鳥や獣や、風によって木がすれ合う音である。話し声さえ聞こえない轟音の中で、天風には地の声などわずかにも聞こえない。

翌日、地の声を聞こうとする天風の耳に、かすかに岩から岩に飛び交う鳥の声や、遠くのほうから豹の声や蝉の声が聞こえるようになる。

数日後には、滝の音を聞きながらも、ほかの音が明瞭に聞こえるようになってきた。

すると聖者は、天風にさらなる難題を課した。

「次は天の声を聞け」

天の声とは何か。その声を聞こうとして半月が経過した。しかしいっこうに聞こえない。聖者は言う。

「おまえは天の声を聞こうとしていないのだ。いいか。**どんな音がしようと、心がそれを相手にしないとき、天の声が聞こえてくる**だろう」

言われるまま一心に、いっさいの音を相手にしないように努めるが、できない。相手にしまいとすると、相手にしまいという心にとらわれてしまう。

三カ月たった。依然、天の声は聞こえない。天風はあきらめかけた。仰向けになって空を見上げる。目を半眼にすると、異郷の空が日本の初秋の空のように思える。

空には悠然と雲が漂っていた。その変化する形に、天風はいつの間にか見入っていた。フッと気づくと、耳にいろんな音が聞こえながら、心はいつしか、そこから離れている。雲に見入って無心になっているのだ。これだ、と刹那に感じた。

「それが天の声だよ。天の声とは、声なき声よ」

と聖者は目を細めた。

自分の心に「迷惑をかけないように」生きる

天風は尋ねる。

「天の声を聞けばどうなるのですか」

聖者はゆっくりと説明を始める。

「天の声を聞いたときに、人の生命の中の本源の力が湧き出るのだ」

教えは続く。

「雲に見入ったとき、おまえは病のことを忘れただろう。そうだ。**心を、病やあらゆるものから離すんだよ。そうすれば病があっても、病ではない。**

治る、治らないということを考えては駄目だ。考えた瞬間、もとに返ってしまう。

病がなくても、病のことを考えれば、病があるのと同じだ。運命がよくても、悪い状態を考えれば、その人の運命は悪いのだ。

肉体の病は肉体のものにして、**心にまで迷惑をかけるな――**。

心に迷惑をかけたくなったとき、天の声を聞け。ここにこそ、心の本当の安らぎの場所がある。たまには心を休めてやれ。すると心は、本源の力が命の中で働き出すようにしてくれる」

教えを一つひとつ脳裏に刻むように、天風は受けとめた。

天風が悟り得たものは、人は本源の生命に生かされているという事実である。天風の個の生命は、本源の生命に生かされ、生きている。本当の自分は生命（霊魂）なのである。そしてわが生命は、宇宙霊の生命と通じている……。

天風は、ヨガの秘境における難行苦行の末、本当の自分は「生命」なのだと悟った。生命力を活気づけることが、病からも運命の上でも、勝利する道なのだとわかった。これを実践した結果、みごとに結核を自然治癒させてしまったのだ。

完全な健康・完全な運命——だから「負けない」！

天風は思索を深めていく。理想の人生とは、この生命力を活気づけ、

●**強く**——日々の生き方がどんな場合であっても強いこと
●**長く**——できるだけ長生きをしていること
●**広く**——できるだけ人生を広く生きること
●**深く**——人生で味わう妙味をより深くすること

という四つの条件を満たして生きることであると。

人生の基本は、強く、長くの二条件を生き抜くことである。つまり日々を元気で力強く、しかも長寿の人生を得たいものだ。この逆が、短命で、煩わしき人生である。

しかし、半生を病床で送るというような人生を生きる人も、短命の人も、人生を転換することができる。人は本来、強く、長く生きることができる。これは天風自身が証明した。

ただ、強く、長くというだけでは、人生はその妙味に欠ける。人生を味わい深く生き、建設的に生きようとするとき、広く深い見識なり、体験が不可欠だ。でなければ、この世で何事かを創造していくことはできない。**世の進化向上のために貢献していくには、広く、深く生きること**が求められる。

そのためには、生命力を高めることである。**生命力とは、体力、胆力、判断力、断行力、精力、能力の六つから成る。**この六つの力をどんどんと高めていけば、完全な健康が得られ、完全な運命をわがものにすることができる。病にも、運命にも、あらゆるすべてのものに、打ち克つことができるのだ。

人が、理想の人生（強く、長く、広く、深く）を生きる方法論として、天風は自信を持って「心身統一法」を提案する。

まず天風は、生命力を高め、活用するための二大原則を見出した。

①生存原則（生命力を把持《はじ》する原則）

生命力を高め、把持するにはどうしたらいいのかという原則である。**人が最も生命力に満ちあふれるのは、心も体も積極的なとき**だと天風は看破した。消極的になると、生命力は萎縮し、弱くなる。生存原則とは、つまり積極的に生きようということだ。

②生活原則（生命力を活用する原則）

把持した生命力を、どう使えばいいのかという原則である。これには、自己が持つ可能性を十分に発揮し、効率よく使うことだとした。生活原則とは平たく言えば、命を統一的に発揮しようということだ。

さて、生命には二つの側面がある。一つは「精神生命（心）」であり、もう一つは「肉体生命（体）」である。これを天風は次のように名づけた。

積極的把持——心の生命力を高めること

精神統一——心の生命力を十分に発揮し、効果的に使うこと

「心身統一法」とは

		心身統一法の原則	
		生存原則	生活原則
生命	心	積極的把持	精神統一
	体	自然法則順従	訓練的積極化

自然法則順従——体の生命力を高めること

訓練的積極化——体の生命力を十分に発揮し、効果的に使うこと

以上を総合的に行うことが、人生で成功と喜びを獲得する秘訣なのである。

天風が教える具体論について、は次の通りである。積極的把持や精神統一の心の方面は、

観念要素の更改法——潜在意識の中の観念要素を「マイナス」から「プラス」に入れ替える方法

積極精神養成法——入れ替えた「プラス」の観念要素を集中させせ

て、いついかなるときも積極的な対応ができるようにする方法

クンバハカ法――神聖なる体勢を取り、生命に気を充満させる方法

安定打坐法《あんじょうだざ》――特殊な瞑想法で「雑念↓一念↓無念」にたやすく達し、高いレベルの境地に入る方法

などである。先に紹介した「信念煥発法」(信念を確固不抜のものにして、念願をかなえる方法)は心の方面の実践的応用である。

他方、肉体生命も病的刺激の中で生きている。たとえば無数の病原菌の中で日々の生活を送っている。これにびくともしない体力を養い、抵抗力をつける生活法が「統一式生活法」であり、訓練の一つに「呼吸操練」がある。

以下の各章では、天風の創案したこれらの具体的な方法を詳述していくことにしよう。

3章

人に「求めない」

――幸福の成功法則

病を治す秘訣は、まず「病を考えないこと」

天風は、轟音の滝の瞑想で「天の声」を聞くことができた。

天の声とは、声なき声である。声なき声を聞くとき、人は何ものにもとらわれず、透明の心になることができる。このとき本源の力が生命の中に湧き上がってくるという。


ヨガの秘境に入るまでの天風は、結核が絶えず気になり、かたときも病を忘れることができなかった。今では、病にとらわれることなく、心は平静である。

天風は思い出す。かつてロンドンでH・アデントン・ブリュースの講習会を受けたとき、最終講義で、彼はこう言ったのだった。

「病を治す秘訣は、病を考えないことだ。病を忘れよ。これが秘訣だ」

確かにそうだ。しかし天風には病を忘れる方法こそが問題だった。どうすれば病を忘れることができるのかとブリュースに尋ねた。答えは得られなかった。今、その答えは天風の手中にある。

天の声を聞けば、病へのとらわれが消える。そればかりか、命に生命力が満ちあふれてくるのだ。

「本当の我とは、生命(霊魂)であり、
個の生命は大いなる生命(宇宙霊)とつながっている——」

このことが実感として天風には感じられた。

天風会修練会の講義で、杉山彦一先生は、生命の様相をこう説明している。

「生命とは本来、生きて、生きて、ひたすらに生きてやまないものである。生命は、たくましい力と絶妙な知恵を法則的に使って、絶え間ない創造活動を行っている。一本の木にみごとな花を咲かせるのも生命の働きなのだ。

生命は、ひたむきに進化し、向上しようとしている。この生命が、弱いはずはない。

生命とはまことに強いものである。その状態は、積極的であり、調和ある統一性を持つものである」

生命の分析から天風は二つの原則を見出している（80ページ参照）。

●**積極性**――生命はその状態において、積極的である。人が生命力に満ちあふれるのは、心も体も積極的になったときだ。この原則を「生存原則」と名づけた。

●**統一性**――生命は、統一性を持つものである。生命を使うときには、統一的でなければならない。この原則を「生活原則」と名づけた。

この原則が心身一如たる生命にいきいきと働くようにすれば、われわれを悩ます病からも、運命からも解き放たれる。

天風はついに悟ったのである。

「おまえは今や偉大なる体験を成し遂げた。だが、修行はこれで終わるのではない。覚悟の後の修行こそ大事なのだ」

聖者カリアッパ師はそう告げると、抱きしめるようにして祝福した。

日常生活で「修行する」。日常生活で「悟る」

それからまもなく天風は、ヨガの秘境、カンチェンジュンガ山麓のゴーク村を去る。その後、ゴーク村は大洪水に見舞われ、聖者の寺は破壊された。聖者は隣村に移り、この村の小さな寺を根城にしたと一説に言う。天風と別れて十年後に聖者は帰霊したが、天風の心には終生、その教えは生き続けた。

のちに天風は、ヨガの秘境に誘導されてから、宣布活動に入るまでの八年間をかけて、その悟りを「心身統一法」として体系化している。この体系化への努力こそが、恩師カリアッパ師との別れ際に教えられた「覚悟の後の修行」にほかならない。

「心身統一法とは日常生命道である」（『箴言註釈』）

と天風は位置づけ、

「心身統一法なら、日常生活の中で誰にでも修行ができ、
活力に満ちた人生を歩むことができる」

と確信を抱くに至った。

天風は、人が尊厳に満ちた人生を送る方法論を創案し得たのである。

インドからの帰途、上海に入港した天風は、第二次辛亥革命に巻き込まれることになる。恩師頭山満の率いる玄洋社が、孫文の革命運動を援助していたのだ。しかし革命は挫折し、天風は今度こそ生国の土を踏んだ。

帰国後は、請われるまま「時事新報」の記者となる。数年後には実業界に転進。東京実業貯蔵銀行をはじめ、五つの会社を経営する。

大正八年五月末のこと、頭山満はある会合に招かれ、講演のために壇上に上がった。ここで三分間黙り続けた後、ゆっくりと言った。

「わしはしゃべれん男や。わしの気持ちのすべては、ここに来ておる天風がしゃべる」

そう言うと、壇上を降りた。天風は頭山に成り代わって一時間講じた。天風の心の中に、ふつふつと湧き上がるものがあった。

講演後、ただちに天風は、頭山に決意を述べた。

「今日ただ今から、いっさいの社会的事業とは縁を切ります。そして樹下石上を家となすとも、救世済民のために従事したいと思います」

「おう、やれ」

頭山は即答した。このひと言に勇気を得た天風は、六月八日までの一週間で会社や財産の整理をつけ、心身統一法の宣布を開始する。

このエピソードは杉山彦一先生からお聞きしたものである。

天風は講演会で、

「事業経営をしていた頃に豪遊したが、心の満足は得られなかった。あるとき縁者に請われてヨガの体験を話したところ、心に湧き上がるものがあり、心身統一法の宣布を決意した」

と語っている。どちらが本来の動機なのか。おそらく両者の複合的な動機によって心身統一法を世に広めようと決意したのであろう。

「幸福の三原則」を心に刻もう！

心身統一法を日常生命道として実行するには、どのような具体策があるのか。
天風の具体論は次の通りだ。
第一に、積極的に生きるため（生存原則）の方法としては、

①観念要素の更改法（本章で紹介）
②積極精神養成法（四章で紹介）
③クンバハカ法（五章で紹介）

といった三つの具体策がある。
積極的に行動するには、心が積極的でなければならない。

心を積極的にするには、いろいろな外的な刺激を受け止め反応する感応性能（心のアンテナ）の働きが積極的であることが求められる。

「感応性能が積極↓心が積極↓行動が積極」

このようなつながりで、人は積極的になっていくのだ。

つまり、刺激をパッと受け取り、反応する「心のアンテナ」を積極的にすればこそ、心は積極的となり、行動もまた溌剌颯爽としたものになる。

そして、この感応性能を積極的にする方法こそが、ここに挙げた三つの方法なのである。

第二に、積極化した生命を、統一的に活用するため（生活原則）の方法として、「安定打坐法で精神統一する方法」（六章で紹介）を教えている。

以上は心の方面の具体策である。肉体についても、積極的・統一的に生きていくことが必要だ。その一例として、「呼吸操練」（七章で紹介）がある。

本章ではまず**「観念要素の更改法」**について紹介しよう。

心の大掃除――「人生の苦しみを取り除く」法

アイケルバーガー中将の要請で、天風は、昭和二十二年、GHQ（連合国最高司令官総司令部）幹部約二百五十人を対象に、当時有楽町にあった毎日新聞ホールで三日間の心身統一法の講演を行った。講演のきっかけは、昭和二十年五月にさかのぼる。

東京大空襲のために、天風は家族とともに田舎へ疎開していた。三回目の東京大空襲の翌明け方、すぐ近くの田んぼにB29が不時着した。発見した住民が、搭乗員の中尉を寄ってたかって袋叩きにし、荒縄で縛って交番所に引っ張ってきた。

「もう少し懲らしめてやりたい」

と騒いでいる。通りかかった天風は見とがめて、

「縄を解いてやれ。憲兵隊の隊長はオレの弟子だ。責任はすべてオレが負う」

と言った。外は血気にはやった住民たちで騒がしい。天風は彼らに向かい、

「捕虜の身柄を自由にする権利は軍隊にあるだけだ。あんたがたに聞きたい。あんたがたの息子が敵地でアメリカ人に捕まり、同じ目に遭って危害を加えられたとする。後で聞いたら、あんたがたは嬉しいか」

と問い返した。住民たちは黙ってしまった。憲兵隊に引き渡すとき、こう頼んだ。

「**武士道は敵を愛するところにある。**本部からはどんな命令がこようと、この人がおまえさんの手元にある間は、不自由なくお客様扱いして、一生のよい思い出をつくってやれ」

戦後、そのアメリカ兵は命の恩人である天風を捜すため日本特派記者になり、アイケルバーガー中将に具申《ぐしん》した。これがきっかけになって、天風はGHQで講演することになったのである。

この講演に、来日中のロックフェラー三世夫妻が同席していた。講演後、感銘を受けた夫妻は、天風といっしょに食事をとった。

ロックフェラーと言えば、世界屈指の大金持ちである。彼らにも悩みはあるのか。天風が尋ねると、

「主なものでも、百ぐらいあります。一番目が、自分たちがどれくらい財産を持って

いるかわからないこと。二番目が、いつ死ぬかわからないこと」

と夫人がため息をついた。そして、

「いくら財産があろうと、病だけは予防できないで困っていました。ところが、あなたの講演を聞いて安心できる気持ちになりました」

と語った。ついてはアメリカに来てくれと再三再四、招聘《しょうへい》されるが、まだまだやるべきことがある天風が応じることはなかった。

ロックフェラーのごとき金持ちをして、これだけの人生苦がある。天風は言う。

「人生の苦しみを取り除くには、

何よりも**心の中の観念を大掃除すること**が必要だ」

続けて、「心の中の掃除をしないで、汚れるままに消極的な観念をいっぱい溜めて生きていくと、たとえどんなに学問しようが、どんなに金ができようが、毎日が少しも安心した状態で生きられないものだ。はた目にはうらやましく見えても、本人にしてみれば哀れ憫然な人生でしかない」と。

「私は信念が強い！」――天風流・自己暗示のノウハウ

観念要素の更改法とは、心のマイナスをプラスに入れ替える大掃除の方法である。潜在意識に蓄積されている「観念要素（思考を組み立てる素材となる要素）」を、マイナス要素からプラス要素へと取り替える。幸せな生活を送るためのノウハウだ。

観念要素の更改法には、次の手法がある。

●自己暗示法

①連想暗示法
②命令暗示法
③断定暗示法

④積極的暗示の摂取
⑤積極的人間との交際
⑥積極的集団との交際

●他面暗示法

ひと言で言えば、自分から行う暗示（自己暗示）であれ、環境から入ってくる暗示（他面暗示）であれ、**暗示という手段によって自分の観念をプラスにする方法**だ。

感応性能には暗示を素直に受容し、反応していくという働きがある。

天風は「感応性能」に、ドイツ語の「Suggestivilität（サジェスティビリテート）」をあてているが、これは「被暗示性」という意味である。つまり感応性能には、暗示にかかりやすいという性質があり、だからこそ暗示の効果がある。マイナスの暗示でも、プラスの暗示でも、与えられた暗示には素直に即応していく。

では、プラスの暗示を続けると、どういう仕組みで積極的な観念へと更改されるのか。三つの理由がある。

●「マイナスの観念要素」の押し出し効果

プラスの要素を潜在意識に注入することで、マイナスの要素が清浄化され、その分だけプラスの分量が増える。ところてんのように、プラスがマイナスを押し出していく効果である。

●休眠中の「プラスの観念要素」の活性化効果

プラスの暗示をかけると、これまで潜在意識に蓄積されながら眠っていた「プラスの観念要素」が刺激され、活性化されて働き出す。しかも新しく注入されたプラスの要素との相乗効果が生まれる。

●すでに蓄積されている「マイナスの観念要素」の不活性化効果

これまで潜在意識に蓄積されていた「マイナスの観念要素」が、プラスの暗示によって刺激を受けなくなり、徐々に不活性化していく。そして休眠状態へと衰えていく。

暗示法はこのように、三つの効果でマイナス人間をプラス人間へと改善させていく。

前半の「自己暗示法」のノウハウを説明しよう。

①連想暗示法――意識的に積極的な考え方をする。心の中でプラスのことだけを連想していくことによって観念要素の更改を図る方法。

明るく、勇ましく、微笑ましいことだけを心に連想させる。どんなに悲しいことや、腹の立つことがあっても、いっさい気にかけず、**積極的なことだけを連想する。**

寝がけの連想は特に大切である。

「睡眠は神人冥合《めいごう》のとき（人間の生命に自然の力が結合するとき）」と天風は言う。眠っているときこそ、活力の受容量が増す。活力を完全に吸収するためにも、この暗示法で安らかに眠るようにする。

【やり方】

1、毎夜、寝がけに行う。「一日の疲労をとり、休養するために睡眠をとるのだから、肉体だけでなく、精神にも安らぎを与えよう」という気持ちで楽しいことを連想する。

2、**どうしても気になることがあれば、それを「棚上げ」する。**マイナスのことは「棚上げしよう」と決め、プラスの連想を行う。

3、マイナスの状態がひどいときや、どうしてもプラスの連想ができないときには、楽しかった思い出の写真を用いる。たとえば、仕事で失敗をしたとき、定期入れに忍ばせている子供の写真を取り出し、そっと見てプラスの連想をし、活力を取り戻すのもいい。寝がけに枕の下に思い出の写真を入れてもいい。

4、一日の中で、適当なときに瞑想して行う。今の状態がどうであろうと、それにかかわらず、積極的なことを連想する。

②命令暗示法——自分に命令して、潜在意識に働きかける暗示の方法。

寝がけに行うのが、もっとも効果がある。必ず達成させるぞ、という不動の信念でやれば、観念要素を積極的にするだけでなく、念願することが思い通りに実現する。

一章の「信念煥発法」で使ったのも命令暗示法である。

【やり方】

1、寝がけに自分の顔を鏡に映す（鏡は手鏡くらいの小さなものでよい）。
2、眉間に意識を集中する（顔全体が見やすくなる）。
3、鏡の顔に向かい、二人称で呼びかける（「おまえは」「あなたは」と）。
4、いちばん自分が望んでいる念願を一つだけ選ぶ。
5、これを命令する（そのポイントは、真剣に、ただ一度、しっかりと小声でやる）。
6、実現するまで継続して行う。

【暗示の言葉の例】

1、成績をよくする暗示法

「おまえは、数学が好きになる」「おまえは、仕事が好きになる」と命令する（成績をよくしようという焦りから結果に目を奪われて、「数学の成績がよくなる」「営業成績が上がる」と言うと、心に抵抗感が起こり、効果は低くなる)。

2、吃音矯正の暗示法

「おまえは、吃音を気にしなくなる」(「吃音が治る」とは言わない)。

3、病を治す暗示法

「おまえは、病を気にしなくなる」(「病が治る」と言うのは病気を気にしている証拠であり、効果が少ない。気にしなければ病のほうから去っていく)。

③断定暗示法——命令暗示法と併用する。寝がけに命令暗示法で行ったことを、翌朝目が覚めたら、断定的口調で暗示する方法。

前夜に「おまえは、信念が強くなる」と命令したら、目覚めたときには「今日は信念が強い」、あるいは「私は信念が強くなった」と断定する。そのとき、自分の状況がどうであろうと棚上げし、自分の耳に聞こえるようにはっきりと断言する。

これは、命令暗示法によって**潜在意識に暗示づけられたものを、実在意識に引き戻し、実生活に役立てる**という効果がある。

【やり方】

1、朝、目覚めたら、昨晩与えた「命令暗示法」の断定をはっきりと確信を持って行う（例、「オレは、数学が好きだ」「オレは、仕事が好きだ」）。

2、「オレは」「私は」の一人称を使う（鏡は用いても用いなくてもよい）。

3、一日中、何回でも数多く行う。

自己暗示法は以上の三つである。

「連想暗示法」で潜在意識をプラスへと活性化させ、そのベースの上に、「命令暗示法」で念願を注入し、人生好転の突破口をつくる。「断定暗示法」は潜在意識に暗示された念願を実在意識に引き戻し、達成へと加速させていく。

天風哲学体験談❷

さらば、気後れ・クヨクヨ人生！

今までに積み重ねたマイナス要素も、一度しかないオレの人生の一部なのだ。後悔するのはやめよう。これから生きていく人生で、プラスをどんどん入れていけばいいではないか。

マイナスが顔を出しそうになっても、プラスでどんと押さえつければいいのだ。そのために自己暗示法を習ったではないか。人生では幾度も壁にぶつかるだろう。そのときは壁に感謝をしよう。自分はそれだけ成長できると。

プラス暗示で潜在意識を味方につけて、壁に前向きに取り組もうじゃないか。

（二十四歳・男性）

このように天風哲学に触れた人は、生命とは本来積極的なものだと学び、自分を生かす最善の道が「積極的に生きること」だと気づくようになる。その具体策として自己暗示法で難題や壁を突破しようと決意している。

「よき師」「よき友」「よきライバル」がいる人生

観念要素の更改法の残り半分である「他面暗示法」は、**プラスの暗示をたくさん摂取しよう**ということと、**プラス人間やプラス集団を選んで交際しよう**ということである。

われわれの生活環境には、プラス暗示とマイナス暗示が混在している。

天風は、現代のマスコミ社会ではマイナス暗示が多くなると嘆いて言う。

「つねに自分の心の中を特別に手入れしない限りは、潜在意識の中がもう始末におえないほど消極的観念で充満してしまうんだよ。マスコミという世の中の世相から受ける影響がありますからね」

積極的なものを受け入れ、積極的な人や集団と交際しようという他面暗示の必要性は、過去にも増して高まっている。

プラス発想人間だと自他ともに認める経営コンサルタントの船井幸雄は、ビジネスにおいても人生においても「ツキ」が必要だと唱えている。ではどうすればツキを呼ぶ人になれるのか。法則をこう説いている。

・**とりあえず現状で「つく」状態にする**
・**ついで、「つくもの」をつくる**
・**「ツキ」を落とさないように「ツキ管理」する**

ということである。

つまり「つく状態」「ツキ開発」「ツキ管理」の三つが、ツキを呼ぶ法則と言える。

これを天風哲学流に言い換えるなら、

・**プラスの観念要素を活性化させて、プラスの心の状態にする**（つく状態）
・**命令暗示法や、信念煥発法で「ツキ」をつくる**（ツキ開発）
・**ツキのあるプラス人間、プラス集団と接する**（ツキ管理）

ということだろう。

ツキ管理のポイントは、**ツキのある人や集団と付き合おう**ということだ。これは天風の「積極的人間との交際」「積極的集団との交際」に通じる。

今から二十五年ほど前のこと、壮年期の船井幸雄は、当時松屋社長をしていた山中鏆《かん》（その後は東武百貨店社長を務めた）から一冊の本を贈られた。

「船井先生の考え方とそっくりですよ。この本は、私の師である中村天風先生が生前お話しになったことの中でも大事な話を、そっくりそのまま収録したものです」

と、中村天風述『成功の実現』を手渡されたのである。

船井幸雄の魅力の一つは、何でもわかりやすく噛み砕いて説明してくれる、というところにある。たとえて言えば、「漢字がひらがなになってしまう」という印象だ。真理の重みは変わらないが、断然読みやすくなる。

船井幸雄がまとめると、天風の教える生き方とは、

「自分をとりまくどんなことにも感謝し、それをよいことだと思い、その考えの上に立って現在以降の言動を積極的、前向きにして生きるべきだ」（船井幸雄『船井幸雄

の人間の研究』）ということになる。

山中と船井の付き合いも「積極的人間との交際」にかなったものだと言えるだろう。

山中は、船井に本を贈ったのと同じ年の十月に、「天風会七十周年記念の集い」で講演を行った。

山中が天風哲学に出会ったのは、〝デパートの神様〟と言われる山本宗二を介してである。伊勢丹当時、上司であった山本は、

「今日は、いいところへ連れていってやる。黙ってついてこい」

と、山本の秘書のような仕事をしていた山中に言った。山中は、酒でも飲めるのかと内心期待していたところ、護国寺での勉強会であった。

「おまえは来たばかりだから前のほうへ坐れ。これから偉い人の話があるから、一時間しっかり聴いていろ」

と山本は言った。天風の講話が始まった。山中は足のしびれも忘れるくらいに聴き入ることになる。その感激はいまだにはっきりと覚えているそうだ。また明日も聴きにこなければいけないと思い、すぐに天風会に入会している。

天風会の七十周年記念ということもあって、全国から六百五十人もの会員が集まった。その席上、山中は「天風と私」と題して講演を行っている。

講演の冒頭で、

「よい先生、よい友達、よいアドバイザー、よい部下を持っているかどうかによって、その人の人生が決まる」

と、交際相手の大切さを述べ、自分はよき先生を二人持ったと回顧している。よき先生の一人が天風であり、もう一人が山本宗二である。

二人の人物の思い出を語った後、大きな組織のリーダーらしく天風から学んだことをこうまとめている。

「**いちばん教えられたことは、積極的精神態度を持つということ**です。リーダーが代わると、つねに、部下にリーダーの精神状態が伝わります。したがってリーダーは、積極的精神態度を持っていなければいけない。リーダーが駄目だと思った瞬間に、そのグループと、そのグループの集団は駄目になる。リーダーたるものの心構えと考え方が、そのグループによって生活している人達の幸福を左右する。非常に責任が重い。天風先生の精神に身を挺することが必要だ」（天風会機関誌『志るべ』三百十二号）

山中はこの心構えを持って、昭和五十一年、伊勢丹から松屋に移り、その再建に奔走している。

リーダーの観念の伝染がいちばん影響力がある。これを暗示とするなら、他面暗示の中でも、リーダーの暗示ほど影響力の大きいものはない。山中の言葉はこのことを痛感したものであろう。

他面暗示は、与えるほうも与えられるほうも十分に意識してかからねばならない。

4章

むやみに「恐れない」

——ここ一番の成功法則

勝つことがクセになる「積極精神」養成法

本章では、いよいよ感応性能（心のアンテナ）を積極的にする二番目の方法**「積極精神養成法」**を紹介しよう。

これは実在意識を対象にした方法論である。いついかなるときでも積極的な対応ができるように、自分の実在意識に働きかけて、プラスの思考回路づくりを行うというものだ。そのためには、何をおいても、

「オレは積極精神でいくんだ!」

と断言することが求められる。プラスでいくぞ、という意志を持たなければ、実在意識を鼓舞し、やる気を起こすことはできないからである。

人間には誰でも、生まれながらに積極精神が具《そな》わっている。なぜなら生命そのものが積極的で、強いものであるからだ。この、**すでに持っているものを、素直に発揮しさえすればいい**のだ。

積極精神を発揮したかどうかで、その人の人生は大きく変わってしまう。

歴史上の偉人とは、積極精神を思う存分発揮した人たちである。

主君の草履取りからスタートした戦国時代の出世頭である豊臣秀吉。「わが輩の辞書に不可能という文字はない」と言ったナポレオン。両雄とも積極精神の持ち主だった。フランクリン、ワット、エジソンらのように後世に残る発明・発見を成し得た偉人たちも、いずれもが積極的な心の態度を持っていた。

どんな偉人も最初から成功が約束されていたわけではない。スタートの時点では、何ら人と変わるところはなかった。ただ違っていたのは、初心を貫いたことだ。

「初一念を貫徹する強い力が、あの人たちを成功させた」

と天風は言う。だから、

「自分に安っぽい見切りをつけてはならない」

と。

これから紹介する積極精神養成法とは、

「オレは積極精神でいくんだ！」

と断言し、この初一念を貫くために、絶えず実在意識に働きかけていき、**成功と喜びをわが人生で勝ち取る方法**である。

天風哲学に触れ、啓発された人は、もれなく積極人生への決意をしている。言い方は違っても、それぞれがこれまでの自分を振り返った上で、新たな決意表明を行っている。

天風哲学体験談❸

「自分の強さ」に気がついた！

自分がいちばん変わったのは、心であると思う。

素直になれたとともに、自分は何事でもできるのだ、何ものにも負けないのだという信念が湧いてきている。

今までの自分は何をしていたのだと思えるほど、闘志が湧いてきている。実践するぞと意欲満々である（37歳・男性）。

天風は言う。

「人間の生命には、生まれながら与えられたる天賦の積極精神というものがある。生まれながら与えられているのだから、この与えられたものを発現できないはずはないんだという敢然たる信念を、我とわが心に持つことである」

積極精神養成法には、次の五つの実践項目がある。次項から順に紹介していこう。

①内省検討（自分の心の姿勢を客観的に評価する）

②暗示の分析（自分の中に取り入れてよいもの、悪いものを見分ける）

③言行の積極化（人に対して積極的な言葉を使い、積極的な行動を行う）

④取越苦労厳禁（自分の力ではどうにもならないことは悩まない、考えない）

⑤正義の実行（感謝を先に口にし、不平不満ばかりこぼさない）

「ビクビクする感情」を追放するチェックリスト

第一の実践項目は**「内省検討」**である。
自分が思っているのは積極的なことか、それとも消極的なことかを査定することだ。
次の五つの要素が、査定のポイントである。

①今現在、
②実在意識で考えていることが、
③積極的か、消極的かを、
④客観的（第三者的）に、
⑤自己評価をする。

評価を下す基準として、天風が挙げている主な消極的感情を並べてみよう。これらはチェックリストとして使うことができる。

(1) 怒る　(2) 恐れる　(3) 悲しむ　(4) 憎む　(5) 嫉妬する
(6) 恨む　(7) 悩む　(8) 苦労する　(9) 煩悶する　(10) 迷う

この十種である。

こうした感情に照らし合わせてみて、冷静に自分の心の状態を評価する。実際に行ってみるとわかるが、自分が考えていることを客観的に評価することは意外に難しい。ためしに、今日一日の自分の状態が、積極的だったか、消極的だったかを自己評価してみよう。

「風邪を引いているので、イライラするのは仕方がない」

「思わず怒ってしまったが、それは相手の態度が悪いからだ」

と評価した場合、その評価基準はどのようなものなのか、心の態度が問われる。心の持ち方が積極的か消極的かを評価することは、それを評価する自分の意識状態が同時に評価されることなのである。

では、どういう意識で「内省検討」すればいいのか。

天風の結論はこうである。

「観察判別を行う心は、肉性意識や心性意識であっては断じてならない。純聖なる霊性意識であらねばならない」

「霊性意識で判別せよということは、本心良心で、現在精神の状態が積極か消極かを見極めることである。本心良心には、不公平もなければ、屁理屈もないから、鏡にうつしたのと同様、その心のあり方のままが感得されるから、即座に厳正公平なる判別が下せる」(『箴言註釈』)

天風は、肉性意識、心性意識、霊性意識の三つの意識レベルがあると言う。そして、内省検討するには、三つのうち、純聖なる霊性意識レベルでなければならないというのである。

絶対積極――「何ものにもとらわれない心」のつくり方

ここで、三つの意識レベルについて解説しておこう。

肉性意識レベル――本能心から発する意識である。

本能心とは、食欲、睡眠欲、性欲、レベルの低い感情といった、命を生かすために必要なものを要求する心だ。自己保存の心から発するするため、肉性意識は自分本位のものとなる。

肉性意識においては、つねに利害に対して執着し、自分の立場に固執するあまり利己的になりやすい。興奮性のものである。

心性意識レベル――ものの善悪、正誤を見分ける理性から発した意識である。

この意識に具わる推理力、考察力などは、絶えず発達し、向上・変化していく。発育するにしたがって、恐怖心や羞恥心、さらに物事に悲しんだり、煩悶したりするという複雑な精神作用が生ずるようになる。

心性意識の発達がここまで進むと、他人の心の状態を理解・推理することができるようになる。この段階を極めた人は「人格者」と言われる。

霊性意識レベル――もともと人間に具わっているもので、雑念・妄念を払いさえすれば現われる意識である。

霊性心から発したもので、本心良心とも言う。信念もこの心に具わっている。

霊性意識の境地に至ればインスピレーション（霊感）が湧く。天風と聖者カリアッパ師がはじめて出会ったとき、聖者は「おまえ、右の胸に非常な病を持っているね」とインスピレーションで当てたことを思い出してほしい。天風は患者の死期をぴたりと当てたというが、それもこの意識から出る力である。

この段階に至ると「霊格者」と称せられ、強固な信念が得られ、自己統御することができる。

以上のように天風は、三つの意識レベルを区分している。

内省検討を行うとき、自分の意識がどのレベルにあるかが客観的評価のポイントになる。肉性意識なのか、心性意識なのか、霊性意識なのか。

肉性意識レベルにあれば、自分本位に考えて、内省検討を行うだろう。

心性意識レベルにあれば、善悪、正誤を見分けて、理知的に内省検討しようとするだろう。ただし、この意識で行う判断は知らず知らずの間に変化していくため、偏っていたり範囲の狭い見方におちいりがちであり、この点で、客観的とは言えない。

霊性意識レベルにあれば、本心良心に照らし合わせて内省検討をするだろう。この心はもともと人間に具わっているものであり、不変のものである。曇りのないこの心こそ天風は客観的な意識だとした。

霊性意識の発揮と言っても、難しいことではない。詳しくは六章で紹介するが、ここでは、**「素直な心」になれば霊性意識が発現する**と理解していただきたい。

「素直な心」は、霊性意識の別名と言える。〝経営の神様〟と言われた松下幸之助は、「素直な心になりましょう」と唱えた。その松下も、事業の意思決定の際には、天風に相談し、意見を求めているのである。

素直な心で内省検討すれば、正しい評価ができる。

「**素直な心とは、何ものにもとらわれることなく、物事の真実を見る心**です。私心、私利私欲にもとらわれず、物事のありのままを見、物事の実相を明らかに見る心です」（松下幸之助著『素直な心になるために』）

と松下幸之助は述べている。

ちなみに天風哲学の特徴は、霊性意識へと意識レベルを高めていくところにある。天風哲学に修行が欠かせないのは、自分の意識を高めていくためだ。

「内省検討」では、自分の意識レベルを問いながら、今日の態度が積極的であったか、消極的であったかを判別していく。

要は、屁理屈にとらわれず、意識を広く、磨いた鏡のように曇りなくして、客観的に自分の心の状態を映し出そうとすることである。

そういう意識レベルに達したときには、今日の態度が積極的か、消極的かを判別しなくても、実は、**すでに心は絶対積極の境地にいるのである。悟りを得ているのである。**

自分の環境を「徹底的に味方にする」法

第二の実践項目は**「暗示の分析」**である。

暗示には、意識的に自分の心や行動をコントロールする自己暗示と、他者によって自分の心や行動が知らず知らずのうちに左右される他面暗示があった。他面暗示がプラスか、マイナスかを見極めるのが「暗示の分析」である。

まず、外からくる暗示を分析し評価する。その上で、

積極的暗示は大いに取り入れる。

消極的暗示は、避けるか、積極的暗示に転化して取り入れる。

われわれの生きている環境そのものが、つねに暗示に満ちている。漫然と環境の中に安住していると、知らぬ間にマイナスの暗示に感化され、自分の心はいつの間にか消極化してしまう。暗示の分析が欠かせない。

「孟母三遷の教訓」は、暗示分析の好例である。

孟子は、孔子の死後約百年（紀元前三七〇年）頃に、魯《ろ》国の南隣の小国鄒《すう》に生まれた。一族はもともと魯の豪族である孟孫氏の分家であったが、落ちぶれて鄒に住み、孟氏と号していた。

幼少の頃は、家が墓場のそばにあった。孟子はいつも墓場で遊んでいた。墓掘りや埋葬のまねをして遊んでいるのを見た母は、

「子供を育てるのにいい環境ではない」

と考えて、転宅することにした。

有名な公式に、**「行動＝f（個人×環境）」**というのがある。人の行動は、その個人のパーソナリティと、環境との関数であるという意味だ。たとえば、積極的な行動を起こすには、個人の積極性もさることながら、その**環境からのプラスの暗示（他面暗示）からも大いに影響を受ける**ということである。

いくら孟子に優れたパーソナリティが具わっていたとしても、まだ幼少時代のことである。その育成環境からの絶大な影響を見逃すわけにはいかない。

孟子が移ったのは、市場の近所であった。今度は商人の競り売りのまねを始めた。

これを見た母は、ここもよくはないと考え、学校のすぐそばに移った。

孟子はさっそく、学校の礼の実習をまねて、神様にお供えをあげ、主人と客とで譲り合って挨拶を交わす作法を行い始めた。

孟子の母は、

「ここが子供を育てるのに本当に適した場所だった」

と喜んだ。

まだ暗示の善し悪しを判別できない幼少の孟子のために、母が環境からくる「暗示の分析」を行ったのである。

孟子が成長して、大学者になる素地は、他面暗示の選別を行った母のおかげだというエピソードである。

一方的に環境から影響されるのはよくない。「暗示の分析」を通して、プラスの他面暗示を受け取るように意識的に環境に働きかけることを天風は教えているのである。

天風哲学に触れた人々は、ごく自然に積極的な暗示を受け入れる準備と決意ができるのである。

天風哲学体験談❹ もう「消極的な精神」になることはない！

私の意識の中には、まだまだ消極的な暗示の残党がうようよしている。しかし、私はもう二度と消極的暗示に潜在意識を明け渡したりはしない。あらゆるものから積極的な暗示をどんどん取り入れ、消極的な暗示を追い出すのだ。

（二十六歳・男性）

心の態度がいったん積極的にでき上がってしまうと、意識的な「暗示の分析」をしなくても感応性能がマイナス暗示をはねのけてしまう。それは頑強な体が、病的刺激を難なくはねつけてしまうようなものだ。

どんなときも「ハイ、爽快です」と言えるようになる

第三の実践項目は**「言行の積極化」**である。

ヨガの秘境、カンチェンジュンガの麓《ふもと》で、天風が修行していたときのことだ。結核のために絶えず熱っぽい。朝は三十七度くらいだが、日中には三十八度にまで上がる。立ち上がるとフラフラする。手足を動かすと、血痰《けったん》が出る。

いつものように、聖者カリアッパ師がやってきて、

「どうだ、気分は」

と尋ねる。天風は、

「頭が重くて熱があるようです」

と力なく、さえない顔で答える。

「おまえは、どうして暗い顔をしているのか」

「すき好んで暗い顔をしているのではありません。病にとりつかれて元気がないのです。病が治ったら、明るい顔になります」

「病が治らなければ、一生、おまえは快活になれないのか。そう考えている限り、おまえの病は治ることはあるまい」

　聖者は、**気持ちから治していかなければ、体の病は治らない**ということを教えようとしていた。そのためには、**まず言行を積極的にしなければならない。**

　翌朝も、聖者は同じことを尋ねた。

「どうだ、気分は」

「はっ、元気です」

　と天風は答えた。積極的な返事をすべきだと心がけている。

「そうか、顔色が悪いな」

「ええ、なんだか頭がグラグラします」

とすぐに引っかかってしまう。心がまだ本物ではないのだ。聖者は言って聞かせた。

「おまえは、体が病になったということで、心まで病んでいる。体が病んだとしても、心まで病ます必要はなかろう」

それからも毎朝、「どうだ、気分は」「なんだか顔色がさえないな」などと試してくる。聖者の巧みな質問に、天風はつい弱音を吐露してしまう。

聖者は繰り返し教える。

「弱い自己、不快な自己に義理を立てて何になる。より強く、より爽快になるために、言葉と行動を積極的にするのだ」

「体に違和感があろうと、泣き言は言ってはならない。気分はどうかと尋ねたら、**『ハイ爽快です』と、にっこり笑って答えよ**」

「おまえが一生懸命に修行をしているのも、治りたいためだな。それなら、治そうという方向一筋でいったらどうだ。本当に治った姿を心の中に描いてみろ。**治りたい気持ちの中に、治りたくない気持ちを入れてはならない**」

数カ月が過ぎようとしていた。天風の体の病的症状のいくつかは次第に消え去り、心は爽快感を覚えるようになっていた。

「どうだ、気分は」

聖者は尋ねた。

「爽快です」

と天風は余裕を持って答えた。

「やせがまんするなよ。あんまり丈夫そうでないな」

「大丈夫です」

天風は、いついかなるときも溌剌颯爽とした表現ができるようになっていた。この頃には、すでに半年がたっていた。

この事例から学べる一つのことは、聖者カリアッパ師の教えが、つねに「心まで病ませるな」というプラスのメッセージに満ちていたことだ。病をかかえた天風に対して、心を鼓舞するような教えを口にした。

言行の積極化とは、**あらゆる人との応対で、プラスの態度を崩さないこと**である。心を明るく、朗らかに、溌剌颯爽と勇ましく接する。特に不健康な人や、非運の人に応対する際には、鼓舞、奨励以外の言葉を口にしないことだ。

二つ目はどんなにマイナスの状態に置かれていようとも、言行を積極的にすることを忘れないことである。いくら聖者が積極的な態度で接しても、天風が絶えず弱音を吐き、マイナスの態度に固執していれば、病は治らず、運命は変わることがなかっただろう。言葉と行動をプラスにしようと決め、それを現実に実行したから、運命は開いたのだ。

「オレは積極精神でいくんだ！」

という決意が最初の一歩なのである。

大病の天風には、本物の積極性を獲得するまで半年かかっている。たゆまぬ努力が必要だった。どんなに言行の積極化を心がけても、ふいに低級な欲望や、マイナス感情が心の中に発動することがある。こんなとき天風は、**「ソリロキズム（つぶやきの自己暗示法）」**を実行せよと教える。

ソリロキズムとは、観念で独り言を言う方法だ。

「こんなことで腹が立つか。こんなことで負けるものか。

自分はそれ以上の、強い、強い、積極的精神の持ち主だ！」

と消極的感情を否定する。心の奥で、決意を繰り返すのだ。心に充満した消極的感情に打ち克ってこそ、言行を積極化することができる。

「悔やまない」コツ、「心配しない」コツ

第四の実践項目は**「取越苦労厳禁」**である。無駄な心の使い方をやめようということだ。

苦労には次の三種類がある（安武貞雄著『健康と幸福への道』）。

過去苦労——過ぎたことや、今さらどうにもしようがないことを、いつまでもクヨクヨと思い煩う苦労である。

現在苦労——今、目の前にある事柄を何でも苦にしてしまう苦労である。

未来苦労——まだこない先のことを、あれやこれやと暗く悪い結果になる方向でばかり想像して思い悩む苦労。いわゆる取越苦労である。

これらの苦労は、人生の長い間に心の向け方が固定化してしまい、現実の結果とは関係なく、マイナスの方向にばかり目と心を向けることが習慣になっている人に多い。

苦労性の人がこれだ。このように苦労する心にとらわれてしまうと、現在の一瞬一瞬に楽しみを感じることはなくなってしまう。いくら現実に楽しいことがあっても、その楽しさに心を向けることなく、すぐに暗いほうにばかり考えを進めてしまうからだ。

「まだ現実化していない**苦労の先取りはやめよう!**」

これが、「取越苦労厳禁」である。

天風がそのことに気づかされたのは、ヨガの秘境での修行の際であった。

ある日、聖者カリアッパ師は天風を部屋に呼んだ。

聖者の膝には、犬が一匹坐っていた。聖者は、ナイフを取り出すと犬の前足をサッと傷つけた。犬はけたたましい叫び声を上げて部屋から逃げた。次に聖者は、

「おまえの手を出せ」

と天風の手を取り、いきなりナイフで右手首を切りつけた。

「何をする！」

思わず天風の口から日本語が飛び出た。聖者は悠々と言った。

「犬とおまえと、どちらが先に傷を治すか、やってみよ」

ヒマラヤの麓では、薬も包帯もない。しかも天風は病の身の上である。弱っている体に菌が入り、化膿すれば取り返しがつかないと天風は心配した。傷をかばって一週間が過ぎた。天風は聖者の部屋に呼ばれた。

「この間の傷を見せてみよ」

聖者は言った。膝には、この前と同じように犬が坐っている。天風の手首は赤く腫れ上がり、痛みは去らなかった。

「犬の傷はもう、跡形もなく治っているぞ。おまえはどうして治らないのか」

「犬は獣だから治るのです」

と天風は答えた。

「人間と犬とでは、どちらが進歩した存在なのか」

「人間です」

「人間であるおまえが、傷の治癒ではなぜ犬に劣るのだ」

と聖者は天風を見据えて問いを発した。傷を例にとって、天風の結核を治す秘訣を教えようとしていた。

人間の自然治癒力は犬に劣るものではない。にもかかわらず、犬はなぜ早くも治ってしまったのか。

天風の自然治癒力の働きが犬に劣っていたからだ。

自然治癒力が低下するのは、心が煩悶し、消極化したときである。天風は、絶えず傷をかばい、化膿するかもしれないと心配して一週間を過ごした。ここに原因があった。天風は答えた。

「犬は傷の心配をしないから早く治ったのです」

これまで天風は、結核について思わぬ日はなかった。熱や脈が気になり、かたときも病が頭から離れることがなかった。これが逆に病の治りを遅くしていたのだ。自然治癒力の働きを低下させていたのだ。

では、なぜ病のことが頭から離れないのか。毎日、心配しているうちに、病を気にする心が固定化してしまったのである。苦労性におちいっていたのである。

いったん負けぐせがつくと、心がマイナスの方向に固定化され、暗いことばかりを考え、楽しいことが考えられなくなる。取越苦労はやめようというのが天風の結論だ。

天風は言う。

「取越苦労は、消極的観念から思考されるものである。いつまで考えても、決して自分の安心するような積極的方面に心を振り向けることはできない。ただいたずらに、思えば思うほど、その思考は独断的推理や、歪曲したものになり、いよいよ迷い苦しむ結果を自らつくってしまうことになる。心のエネルギーはどんどん消耗されていく。結果、食欲不振になったり、睡眠不足になるなど、マイナス状態におちいることが多い」

取越苦労とは、想像作用の悪用である。苦労性から解放されたとき、人は現実の楽しさに心を馴染ませることができる。

古歌にもあるように、**「さしあたる　その事のみをただ思え　過去は及ばず　未来は知られず」**なのである。

あらゆる不平不満は「感謝に転換できる」！

第五の実践項目は**「正義の実行」**である。

ひと言で言えば、本心や良心を基準とした行為を行おうということだ。

心にやましさを感じることはしない、気がとがめることはしない。

それが正義の実行である。

「本心良心にもとった言葉や行いは、それ自体がすでに消極的なのである。本心良心にもとると、やましい観念のために心の力は萎縮してしまう」

と天風は言っている。

以上が、積極精神養成法の五つの実践項目である。

まとめると、積極精神は意志の問題だと言える。

「積極精神でいくんだ！」

と決意したら、感情を朗らかにし、マイナス言葉をいっさい口にしない。マイナス言葉を使わないようにする一つの方法として、天風は、

●不平不満を口にしないこと

●感謝を先にすること

を教えている。

不平不満が心の中にあると、積極的な言葉が言えない。たとえ不幸な出来事が起ころうとも、不平不満を吐き出すのでなく、それを感謝の言葉へと変えてしまうのだ。

病になったらこう言えばいい。

「天は病を通じて、これまでの生活方法が誤っていたことを気づかせてくれた。これから生活を改めていけば、いっそう長生きできる。ありがたいことだ」

病ばかりではない。事業がうまくいかないときにも、次のように受けとめよ、と天風は教えている。

「オレは運が悪いな」

と落ち込んではいけない。

「オレの心構えなり、方法なりに大きな間違いがあったのを、こういう結果になって

天が教えてくれているのだ」

と考え、このまま会社が潰れてしまっても仕方ないのに、

「よくぞ生かしておいてくだされた。**また盛り返すことだってあるさ。**ありがたいことだ」

と感謝せよ、というのである。

しかしながら病にも、非運にも、なかなかこのように感謝できないというのが、大方の人だろう。そこで身近なものから感謝をしてみることだ。

たとえば、自分の呼吸に目を向けてみる。天風は、本当の自分は生命だと看破した。個の生命は、生かされ、生きている。一呼吸一呼吸、自然界の大気によって生かされている。

観念的な思いだけでなく、実際に呼吸を深く意識的にしてみる。息をゆっくり大切に吐き、吐き切ったら、今度はゆっくりと大切に吸う。このように大切に呼吸することが感謝の表現だ。

人は腹が立つと息づかいが荒くなる。息を静めるだけで、感謝の念が湧いてくるものだ。河野進牧師はこんな詩をつくっている（池見酉次郎著『人間回復の医学』）。

呼吸

天の父さま
どのような不幸を吸っても
はくいきは感謝でありますように
一刻一刻が恵みの呼吸ですから

あらゆる不平不満は、すべて感謝へと転換できる。
この五つの実践項目を実行するとき、自分の心の中の葛藤や人間関係の悩みから解放されていく。そのプロセスにおいて、人の意識は外へ、大いなるものへと向かっていくのだ。そして、自分本来に具わった心の力が湧いてきて、積極人生を創造していくことができるのである。

5章

心「乱されない」

――逆境の成功法則

クンバハカ——心を「乱されない」体勢

感応性能を積極化する三番目の方法は、**「クンバハカ法」**である。

クンバハカ法とは、**外界からの刺激やストレスに心を乱されない体勢**のことである。

「もっとも神聖なる体勢、これがクンバハカである」と天風は言う。

ひとたびクンバハカの体勢を取ると、肉体はたちどころに霊体化するという。霊体とは心身が調和し、生命力に満ちた状態である。この体勢を取ることによって、はじめてヨガの難行が可能になる。

伝統あるヨガ哲学の基本的密法として、クンバハカ法は伝えられてきた。しかし、決して口伝や書伝といった方法で伝授されたのではない。自力によって悟入し得る者だけに相伝されてきた。悟りから悟りへと、連綿として伝えられてきたのだ。

しかし、われわれは天風の教えである心身統一法を学ぶことによって、このインドの秘法を実生活で実行することができるのである。

天風がクンバハカを悟ったのは、ヨガの秘境においてであった。村のほとりには小さな川が流れていた。この村の修行の一つに、雪解けの冷たい川の中に坐るという瞑想法がある。

腰布一枚になったヨガの行者たちは、無言のまま次々と瞑想行を行うために水の中に入っていく。スードラ（奴隷）の身分であった天風は、その末端に連なって坐った。坐ると、水は臍《へそ》のあたりを流れる。早朝のヒマラヤの雪解けの水は、天風の腰から下を痺れさせ、感覚を奪っていく。

水の流れの中での瞑想は、何カ月も続けられる。

ある朝、天風が流れに坐って瞑想していると、聖者カリアッパ師が近づいてきて、

「なかなか、よろしい」

と声をかけた。聖者は、行者たちが坐っている流れの間を歩みながら、彼ら弟子たちの修行を見て回るのであった。

瞑想が終わり、川から立ち上がった天風は、聖者に一礼し、

「先ほどは、ありがとう存じます」

と言った。その途端、聖者は、

「駄目だ、その体勢では」

と厳しく言い放った。

聖者は何を教えようとしているのか。天風は、聖者の言葉の意味を考えていた。幾日かが経過した。瞑想中の天風に、聖者が声をかけた。

「いよいよ、よろしい」

天風は川から立ち上がって、聖者の前で礼をした。その瞬間、

「まだ、駄目だ」

と諭された。

水の中で「よろしい」と言われ、川から出ると駄目になるのはなぜなのか。聖者は、体勢が駄目だと言った。どういうことであろうか。

雪解けの水は冷たく、この冷たさの中で瞑想をしていると、体からエネルギーを失うまいとする体勢になっている。と言っても、肉体に緊張があるわけではない。体は力の抜けた状態である。

心にも緊張はない。心が緊張すれば、そのまま肉体の緊張に連なったであろう。た

だ肉体だけが、冷たい川から身を守るために自然に防御している。失われるエネルギーを最小限にとどめようと体が一つの型をつくっているのである。この体勢を保持しようと天風は努めた。

それから幾日かが過ぎた。ある朝のこと、流れに端坐している天風に、

「よろしい、よろしい」

と聖者は幾度かうなずいた。

流れの瞑想を終えた天風は、水の中にいたときの体勢を崩すことなく、聖者の前に立ち、一礼をした。

「それでよろしい」

と聖者は厳かに言った。

「この体勢こそ、**もっとも神聖で、完全なる状態だ。瓶に水を満たした状態**である。これができれば、猛獣や毒蛇の棲処《すみか》である山にも入っていくことができよう」

その体勢は自然でありながらも、体にエネルギーを集め充満させているものであった。自力によって悟入し得る者だけに相伝されるという体勢を、天風はこの瞬間につかみ取ることができたのである。

「いざ鎌倉！」というときの心の対処法

天風は、その後も自らが取ったあの体勢をつぶさに分析した。そして、体勢を特徴づける三つのポイントを発見した。

われわれも、このポイントさえ押さえれば、雪解けの水の中でなくても、**どこでも「神聖なる状態」になることができる。**この体勢を「クンバハカ」という。

これは天風独自の用法で、ヨガの「クンバカ」（止息）が原語である。

クンバカは本来、「瓶の形」を意味する言葉である。空気をいっぱい吸ったところで、息を止めると、エネルギーが体内に充満した状態になる。それが、水を満たした瓶の形を連想させるところから、止息をクンバカと呼んだのであろう。

天風は、クンバカの本質を汲みとった上で、独自にクンバハカ法としてまとめ上げた。さらに「神経反射の調節法」という意味づけを加えることによって、クンバカを超える内容に仕上げた。

まとめよう。

クンバカとは——ヨガの用法で、止息と訳される。「瓶に水を満たした状態」になるために、息を止めるのである。これは自ら悟った者にのみ相伝される。

クンバハカ法とは——天風の用法で、クンバカの本質である「瓶に水を満たした状態」を体勢の面から分析し、三つのポイントにまとめたものである。その体勢は、

①肛門を締める

②肩の力を抜く

③下腹に力を充実させる

この三つのポイントを、同時に行うのだ。さらに、有事の際、つまり「いざ鎌倉」というときには、以上の三ポイントに④を加える。

④瞬間に息を止める（止息）

天風の分析によって、こうしたヨガの密法の公開が可能になった。クンバハカの体勢を、誰でもが、いつでも、どこでもできるようになったのである。

とは言え、本来なら自力で悟入すべきものである。体得するには十分に時間をかける必要がある。

さて、クンバハカの体勢を行う際の留意点を示しておこう。

●肛門を締めるときは、腸のほうに吸い上げ気味に行う
●そして自然に下腹部を膨らませるような感じにする
●力まず、リラックス状態で行う

下腹部を膨らませるというのにはコツがある。

実際に肛門を締めて下腹部に力を充実させようとすると、反対に下腹部がへこむことがある。これでは下腹部にエネルギーを充満させることはできない。下腹部は膨らみ気味に持っていくのが正しい。

クンバハカと腹式呼吸法の違い

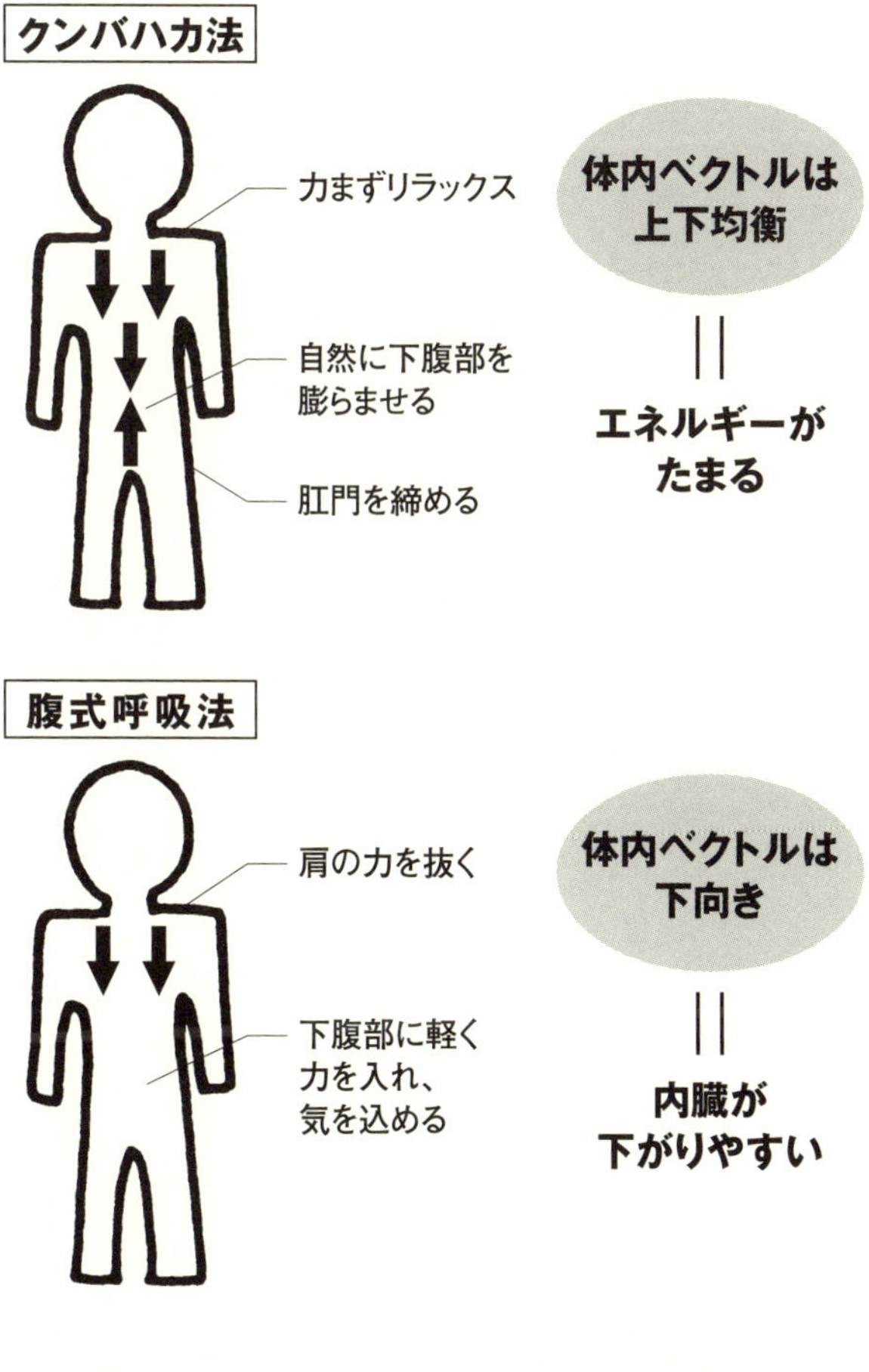

そのためには、まず腹のほうから先に力を充実させ、膨らませ気味にしてから、静かに肛門を締めるようにする。するとエネルギーがじわじわと充満してくる。馴れると瞬時に三位一体の体勢が取れるようになる。天風会の杉山先生は、修練会の講義で次のような話を教えてくれた。

全国的に腹式呼吸法をすすめていたその道の大家が、五十歳そこそこで亡くなってしまった。死因は異常な下腹部の膨張による。

腹式呼吸では、肩の力を抜き、下腹部に軽く力を入れて、気を込めなくてはならない。この場合、体内ベクトルは、すべて下向きである。その結果、内臓が下降し、この大家は若くして亡くなってしまったというわけだ。

クンバハカでは肛門を締める。肛門を締めると体内ベクトルが上向きに働くので、内臓が下降することはない。

ここに決定的な相違があるのだと。

実践！「肛門を締める」すごい効果

このようにクンバハカ法は、三つのポイントの中でも、**肛門を締めるところに最大の特徴がある。**

肛門が締まっていなければ、瓶の底に穴があいているようなもので、満たされた水はすべて漏れてしまう。それでは理想的な体勢を取ることはできない。

天風は『真人生の探究』の中で、肛門を締めることの大切さについて興味あるエピソードを紹介している。こんな話である。

昔、東海道桑名の渡海船が、途中で大時化《しけ》に遭って遭難し、乗っていた人のほとんどが溺死したという事件があった。

漂流してきた溺死者を、岸辺の砂浜の上に並べて、桑名の浜役人が検視した。

検視の役人は、溺死者の中に一体だけ、坊主だけが死相になっていないのを見て取

り、

「この沙門《しゃもん》は死んでおらぬようだ。肛門を調べてみよ。必ず締まっておろうぞ」

と言った。

下役人も不審に思って調べてみると、他の溺死体とは違って、肛門が強く締まっている。

「仰せの通り締まっております」

「そうであろう。手当ていたしてみよ。蘇生いたすであろう」

下役人は手当てを施した。やがて僧体が息を吹き返した。

検視の役人は、

「御坊はいずれの沙門か存ぜぬが、よほど心得のある方と見受ける。有事にあって肛門を締められるなどは未熟輩の為さぬところ、まことに感服いたした」

と言った。その僧は不思議そうに、

「肛門を締めることがさほどのことでございますか」

と問う。

「溺死人のことごとくが助かり申さん。その中で、御坊だけは肛門が締まっており、それゆえに蘇生されたのである」

とわけを話した。

「さようでございましたか」

とその僧は感慨深げに話した。

「愚僧は、白隠禅師のもとに使われております白翁と申す者で、この度、所用のため郷里に帰る途中、この災難に遭いました。

御師匠のもとを出発いたしますとき、師の御坊が、旅は世慣れぬもの、ひとしお気をつけねばならぬもの、とりわけ何かの大事に出会いしときは、

何をおいても、肛門だけは緩めるでないぞ

と仰せられました。

桑名の渡海船に乗りまして間もなく大時化で、船頭衆から覚悟してくだされとのこと。そのとき師の御坊の言葉を思い出し、どうせ助からぬものなら、せめて仰せの通りに肛門だけは締めようと懸命に行念いたし、そのまま気を失ったのでございます」

僧の話を黙って聞いていた検視の役人は、

「さすが白隠、日本一の高僧よ」

といたく感心したという。

白隠は若い頃、結核（もしくは肋膜炎）と禅病に悩んでいる。禅病というのは、一種の神経衰弱である。

二十六歳のときに肺結核に罹った白隠は、洛東白河の山中において白幽子に就いた。白幽子から内観法と輭酥《なんそ》の法という二つの秘法を伝授され、これによって結核と禅病を克服し、以後は八十四歳の長寿を保ち得た。その著『夜船閑話』は、二つの秘法を書き残したもので、病に悩む多くの人を救ってきた。

大病に悩み、これを克服した白隠だったからこそ、肛門を締める効果を熟知していたのであろう。

クンバハカ法のポイントを再確認しておきたい。

①肛門を締める

肛門を締めて吸い上げるようにすることにより、仙骨神経叢《そう》を安定させる。また腹圧をかけることによって生じる内臓下垂の防止が図られる。

②肩の力を抜く

横隔膜神経叢を安定させる。人は急にショックを受けたり、恐れたり、悲しんだりするとき、横隔膜が上昇するものである。「肩を怒らす」とか、慌てふためくことを「上ずる」と言うが、このような状態にあるとき、人は横隔膜を上昇させ、マイナス感情に支配されている。肩の力を抜くだけで、刺激や衝動をずいぶん緩和できるものである。

③下腹に力を充実させる

腹腔《ふくこう》神経叢を安定させる。横隔膜を下げ呼吸量を多くし、血液循環を促進する。

仙骨神経叢、横隔膜神経叢、腹腔神経叢——これら三つの神経叢を安定させる体勢がクンバハカ法である。

神経叢には、生命維持に必要とされる活力が貯蔵されている。クンバハカ法は、神経叢の動揺を鎮静する働きがある。とっさにクンバハカをすることで、活力の損失を最小限に防ぐのである。

東郷元帥も絶賛した「神経を図太くする技術」

クンバハカ法は、別名、**「神経反射の調節法」**という。

神経反射とは何か。

天風会二代目会長の安武貞雄の著書『健康と幸福への道』から要約して説明したい。

人は絶えず外界からのさまざまな刺激を、感覚器官に受けて生きている。まわりから刺激を受けると、中枢神経に伝達される。中枢神経は、刺激に対する反応を、反射的に全身の諸器官に及ぼしていく。

ところで、刺激は外界からだけくるのではない。体の内部でも起こり、内・外の刺激によって、心の中に快・不快などの情動や感情が起こる。

それとは別に、心の中に独立的に生じる感情・欲求・思考などが、無意識のうちに体の諸器官に影響を与えることがある。

前者の内・外の刺激による感情と、後者の心の中に独立的に生じる感情は、発生すると同時に、自律神経や内分泌系に反応して、体によくも悪くも大きな影響を及ぼしていく。

このような神経系統の反射的な反応を一括して、神経反射と呼ぶ。

心と体をつないでいる神経系統が、感情によって動揺し、アンバランスな状態におちいるとき、心身両面にわたってマイナスの影響を与える。

体について言えば、呼吸、循環、消化、排泄などの機能に害悪を与えることが多い。精神的には、不安、緊張、焦燥など精神的安定が失われる。

ここで問題なのは、マイナス思考の人は、ストレスを悪いほうへ悪いほうへとオーバーに受けとめてしまうということだ。十のストレッサーを五十にも、百にも拡大して受け取ってしまう。

上司の一喝を、ある社員は「何くそっ、今に見てろ」と成長のためのバネにしてしまう。

別の社員は昼飯が喉を通らないくらいクヨクヨと気に病む。

得意先にピシャリと断わられても、平気でどんどんとチャレンジできる営業マンがいれば、二、三度断わられただけで参ってしまう営業マンもいる。

これはストレス耐性に差があるためだ。

ストレス耐性とは、時間的制約や、人から受ける圧迫・反対の中でも、**課題をやり遂げる心の安定性**である。

忍耐力であり、回復力でもある。どれだけ耐えられるか、どれだけ回復が早いか、どれだけ打たれ強いかである。

マイナス思考の人は、このストレスに弱い。心は加速的に消極化し、生命力が低下する。生命力全体が萎縮してしまう。

そこで必要なのが、神経反射を調節することだ。

神経系統が、いつも活発にバランスよく働くために、内・外の刺激に対して、可能な限り神経反射の調節を行い、その害悪を最小限にとどめるのである。

クンバハカ法は、神経叢の過剰反応を調節するノウハウである。

あわせて、「観念要素の更改法」「積極精神養成法」を行えば、感応性能を積極的に保ち、ストレスに断然強くなる。

日露戦争で活躍した元帥の東郷平八郎は、のちに天風からクンバハカ法を学んだ。

東郷は、日本海海戦で、敵の旗艦が沈没するようすをじっと見ていた。そこに敵の三十三センチ砲が、彼の立っている指令塔の脇で炸裂した。

東郷ほどの人物である。

慌てるようすはなかったが、至近弾には気を取られた。その間に、敵の旗艦は沈没してしまった。

このため報告書には、「一部始終を見ていた」と書けなかったという。

このことがよほど残念だったのであろう。

天風にこう語った。

「日本海の海戦のときに、もしクンバハカ法を知っとったらば、敵の旗艦の沈没する一部始終をゆっくり見られたでしょうがなあ」

これはクンバハカ法への最高の賛辞である。

「人間的魅力のある人になれる」というメリット

クンバハカ法を実行するのに特別な能力はいらない。誰でも簡単にできる。しかもその効果は抜群であるから、この機会にぜひ自分のものにして、新しい人生の妙味を味わってもらいたい。

クンバハカ法を薬にたとえてみれば、その効能と使用法は次のようになる。

①クンバハカ法の効能

クンバハカ法の効能は、肉体面と精神面に分けることができる。まず肉体面の効能について個条書きしておこう。

●血液循環がよくなる

●消化吸収の働きが活発になる
●血圧が正常化する
●自然治癒力が増進し、病やけがの治りが早くなる
●疲労の防止をする
●総じて強健な肉体となる

続けて、精神面の効能を紹介しよう。

●頭脳がつねに明快になる
●精神的に安定する
●胆力ができる
●虚心平気という構えになる
●人間的魅力のある人になれる

つまりクンバハカ法とは、感情を安定させ、精神を冷静に保ち、胆力を養成する。

また自律神経の安定、消化吸収の活発化、自然治癒力の旺盛を図るという効能がある。

天風哲学体験談❺

三日間だけやって体験した爆発力

クンバハカの意味と効果がよくわかった。肩の力を抜いて、下腹部に気を込め、肛門を締める。これを三日間に何十回となくやり、身をもって自分自身の心と体のコントロールの仕方、一瞬の爆発力の出し方を覚えた。（二十二歳・男性）

②クンバハカ法の使用法

・クンバハカ法は、刺激からあなたを守るフィルター

仕事のストレス、人間関係の悩み……、日々の刺激の量が増せば増すほど、感情は不安定になり、心の安定を欠くようになる。いや心ばかりではない。精神の不安定さは、体にも悪い影響を及ぼす。

そこでクンバハカを励行する。クンバハカ法は、環境（刺激の集合体）と、われわ

れの心との間に、一つのフィルターの役割を果たすクッションのようなものだとイメージ的に考えれば、より効果を実感しやすくなる。

・クンバハカ法は、体内にエネルギー（活力）をとどめ、充実させる

「瓶に水を満たした状態」がクンバハカである。われわれ生命体に、宇宙にあまねく存在している気を吸収させ、生命の積極化を実現する。

ヨガでこの密法を行う目的は、生命を霊体化し、霊性意識レベルに達した、霊格者になるためである。

・クンバハカ法は、あなたに冷静という名の妙薬を授ける

たとえば、営業マンが苦情処理で失敗するのは、お客の言い分にカッとなってしまうときである。冷静であれば、苦情マニュアルに沿って処理することができるというものだ。

こんなときこそクンバハカをしてはどうだろうか。心は安定し、冷静に相手の言い分に耳を傾けることができるだろう。クンバハカ法は、苦情処理といったストレス状況での成功ノウハウである。

・クンバハカ法は、いざというとき、あなたを助ける

天風は、どうすればクンバハカ法を修得することができるのかという問いに対して、「不断の努力、唯一これである」と答えている。

クンバハカ法はとてもシンプルだ。

通勤電車の中でも、家庭でテレビを見ながらでも、いつでもできる。寝ていても、坐っていても、立っていても、どこでもできる。

特に会社は絶好の場だ。苦情処理のときにクンバハカ、上司に報告するときにクンバハカ、昇級試験でクンバハカ、と職場ではストレス状況が多いだけに、練習のしがいがあり、効果も上がりやすい。習慣化するのに、最適の環境である。

養動法で「どっしりと肚の据わった人」になる！

クンバハカの体勢によって行う神経反射の調節法の応用の一つに、養動法がある。

精神が異常に興奮しているときでも、これを行うと、すぐに安定してくる。仕事で忙しく飛び回っていると、人は「動」の体勢になっている。

動から静へと、心機を一転させるのに、養動法は欠かせない。

①養動法の効能

●神経系統の異常興奮を静める
●活力の分布を平均にする
●内臓筋肉の凝り、吊り、伸びを適当に緩和する

●運動不足を補う
●姿勢を正しく矯正する
●自分の姿勢の欠点や、病患部分が意識的にわかってくる

②養動法のやり方

体勢は、坐勢、立勢、しゃがむ、臥勢（寝る）など、どんな体勢でもできるが、ポピュラーなのは坐勢だ。坐勢、つまり坐って行う養動法を紹介しよう。まず肩の力を抜き、ふつうに坐る。

1、あぐら（または正座）の姿勢になり、手の指を組み下腹部につける。
2、臍で「の」の字を書くように、腰を右回りに動かす。
3、動かし方は、大きくても小さくてもかまわない。気にせずにやっていると、自分のリズムがつかめるようになる。
4、クンバハカの体勢を忘れない。

◈養動法の仕方（坐勢）◈

養動法は、臍を回す動きそのものが、肚を練るという形になっている。実際、養動法をやっていると肚ができてくる。胆力のある人になれる。

たとえば、

「明日までに、この書類を仕上げてほしい」と上司から急な命令をされたとき、この仕事をどこで受けとめるか。かつて私の先輩は、**腰で仕事を受けとめよ**と教えてくれた。

特に、苦情処理のようなストレスを伴う仕事の場合は、頭で考え込むのでなく腰で受けとめれば冷静でいられるものだ。

荷物を持ち上げるときは腕で持ち上げるのではない。力まかせに持ち上げようとすると体に負担がかかる。腰で持ち上げるのがコツだ。これと同じである。

養動法で肚を練ると、仕事を受けとめる腰ができ上がる。肚の据わった、できる人物になれるに違いない。

三章から五章にわたって、感応性能を積極化する方法論を紹介してきた。

感応性能が積極的になれば、心が積極化し、その結果、行動が積極的になる。

これら三つの章は、心身統一法の中では、「積極的把持」に位置づけられている。

積極的把持とは、心の態度を積極化し、勢いに満ちた生命力を保つことであった。

次章で紹介するのは、このように把持した生命力を、より高いレベルの心的状態に昇華させようという方法である。その代表的な「安定打坐法」を紹介したい。

6章

とにかく「ぶれない」

——集中力の成功法則

今日から始める「心が散らない」生き方

心の持ち方をプラスにし、生命力を強く太くしたなら、こうして獲得した力を無駄遣いしないことだ。自分の持てる力を効果的に仕事や人生に投入し、発揮することが大切だ。そのためには精神統一という心の使い方が不可欠である。

精神を統一して活用すれば、次のような効果が期待できると、『健康と幸福への道』の中で安武貞雄は言う。

●心の使い方が能率的になる

一時間かかってやり遂げていたことが、心をまとめて使うことで効率的になり、半時間程度で処理できるようになる。

●記憶力が増進する

はっきりした意識で物事に接する習慣がつくので、自分でも驚くほど、目覚ましく記憶力が増進する。

●心機一転がうまくなる

心を自主的に、自分の望むところに振り向けることができるので、心の切り替えがうまくなる。

●霊性能力が発現できるようになる

精神統一に熟達すれば、インスピレーションなどの能力が発揮できるようになる。聖者カリアッパ師や天風のインスピレーションは凄いものだった。

では、精神統一とは、どのような心の使い方なのであろうか。普段、われわれは散漫な心の使い方をしていることが多い。次の①～④が通常の心の状態だと言っていい。

①放心――何を思うともなく、ぼーっとしている状態
②凝滞――心の働きが一カ所に釘づけになり、止まって動かない状態
③分散――気が散り、同時に多くの事柄に心が惹かれている状態
④分裂――二、三の事柄に気が惹かれている状態

これら四つのどれも、意識レベルは低い。

天風の教える精神統一は、物事を心の中に集約し、集中させている状態である。これと似た心の使い方に、執着がある。

⑤執着――何か一つのことに心を奪われている状態
執着とは、物事や仕事などに一心不乱に心を注いでいることである。はた目から見ると精神統一の状態とよく似ているが、実は正反対の心の使い方をしている。

心が物事に奪われ、「心ここにあらず」になっているのだ。この状態にあるときは、足元が危うくて何かに躓いたり、電車の中に忘れ物をしたりすることが多くなる。心の主体性が失われていて、不明瞭な意識になっているからだ。

❖統一と傾注の違い❖

執着

心 → 物

※心の前に現われた事物に、一心不乱に心を注いでいる状態。

集中

心 ← 物

※心の前に現われた事物を、心の中に集約・集中させる状態。

これに対して、精神統一した心の使い方をすると、意識は散漫ではなく集中する。物事に心を奪われることがなく、心の主体性が確保されている（上図の矢印の向きを参照）。つまり精神統一とは、集中（⑥）のようになる。明瞭な意識状態と言えるだろう。

⑥集中――心を散らすことなく、また物事にとらわれることなく、心の主体性を確保し、統一して使う状態。

では、どうすれば精神統一することができるようになるのだろうか。以下では、その方法論の一つである**「安定打坐《あんじょうだざ》法《ほう》」**を紹介する。

「一心が無心に達する境地」を体験！

天風が安定打坐法を創案したのは、ふとしたきっかけからだった。

ある日のこと、天風は電気あんま機を使っていた。ブーという音に、聞くともなく耳を傾けている。

そのとき、お手伝いさんが電源のコードに足を引っかけ、コンセントからコードが外れた。突然あんま機の音が切れた。

「すみません」

とお手伝いさんは詫びたが、天風はその瞬間、インドのヨガの秘境での悟りを想起していた。滝の轟音での瞑想である。

聖者カリアッパ師は、天の声を聞くという瞑想を天風に命じていた。

何カ月かたったが、天の声はいっこうに聞こえない。天風は、仰向けになって空を見上げる。空には悠然と雲が漂っている。フッと気づくと、耳にいろんな音が聞こえながら、心はいつしか、そこから離れている。雲に見入った瞬間に心が音の世界から解放されたのだ。

滝の音に聴き入って、一心の状態であった天風は、雲の形に心を移した一瞬、いっさいの音から解放されて、無心になった。声なき声が、天の声である。このとき天風は、霊性意識レベルの境地にいた。

この体験が想起されたのである。

天風は、あんま機の音に聴き入っていた間は、一心の状態にいた。この音に意識を集約しているため、他念がなく、あんま機の音だけに集中していた。これは滝の音に聴き入っていたのと同じ状態である。ところが、お手伝いさんがあんま機のコードに足を引っかけて、ふいに音が切れたとき、心は「音」というよりどころを失って無心になった。この瞬間、「天の声」が一瞬であるが聞こえたのだ。

このあんま機の体験からひらめいたのが、安定打坐法である。安定打坐法は、あんま機の代わりに、ブザーなどを利用して、一心から無心へと達入する瞑想法である。天風会によれば、次のような意味があるという。

●**安**――安らか
●**定**――定まり
●**打**――接頭語で強めの語
●**坐**――心の置きどころの意。坐るということではない

まとめると、心を安らかに定まらせる法ということだ。これは、意識を一点に集中させるというヨガのダーラナ密法をもとに工夫された天風流の坐禅なのである。

安定打坐法には多くの効能がある。

●雑念・妄念が除去される
●無心の境地に達入することができる
●本来の自分である「生命」が自覚される
●信念の力が強くなる
●自己統御が容易にできる

●精神の統一的な活用ができる
●心機転換が一瞬の間にできる
●霊性能力が開発できる
●本心良心が煥発される
●自然治癒力が旺盛になる
●絶対積極の人生を生きることができる

この効能を見ていくと、**天風の悟りの内容がここに凝縮されている**のがわかる。

安定打坐法は、無心の境地に達入させ、霊性意識レベルへといざない、本心や良心を煥発させる。このとき本来の自己とは「生命」であるという自覚ができ、信念強化・自己統御・精神統一・霊性能力・自然治癒力などの能力が発揮される。そして絶対積極の人生を歩むことができるようになるという。

つまり、天風の教えの総まとめである。天風は言う。


「心身統一法の極意は、安定打坐に始まり、安定打坐に終わる」

安定打坐法――「雑念がスッと消える」

安定打坐法は、誰にでも簡単にできる。

●**坐り方**――坐り方はこだわらない。あぐらでも、正坐でもよい。らくで長続きのする姿勢を取る。背骨はまっすぐに自然な感じで立てる。

クンバハカの体勢は特に意識しなくてよい。意識しなくても、自然にクンバハカ体勢になっていればベストだ。目を閉じて、視覚からの刺激を遮断する。

前章で紹介した養動法を行い、心機一転を図った後、安定打坐法に移ると効果的である。

●**ブザー方式**――第三者にブザーを鳴らしたり、切ったりしてもらう方法。ブザーの音はかなり強いものがよい。十数秒間鳴り響かせる。

その音は一定で強く、心の雑念を押し潰すように響く。ブザーの音に聴き入ることで、雑念・妄念が消え去り「一心」となる。

突然ブザーの音が切れる。この音で一心となっていた心は、ふいにブザーの音が消え去って「無心」の状態に置かれる。わずか一瞬であるが、無心の境地が味わえる。

これを天風のいざないで、瞑想してみよう。天風が語る。

「まずくつろいだ格好になって目をつぶりなさい。これから諸君には、滝の落ちるようなブザーの音が聞こえてきます。ブザーの音にいやでも心が引き入れられる。このときが有我一念だ。そしてブザーの音の消えた刹那、瞬間的に何にも音がない世界を感じる。この音のない世界、無声の境地、これが霊的境地だ。音のない世界が宇宙の真実相で、宇宙本体のエネルギーの遍満《へんまん》存在している状態だ。では、ブザーの音に引き入れられなさい」

（ブザーの音が響く……、約十数秒鳴り続ける。ふいに音が切れる）

しばらくして、天風の声が聞こえる。
「ブザーの音が絶えたとき、瞬間でありますが、シーンとした世界が味わえたであろう。初めのうちはほんの一秒か二秒、やがてこの境地が長く味わえるようになります」

●おりん方式——第三者に鐘を鳴らしてもらってもいいが、自分一人でもできるという利点がある。仏壇のおりんを利用する。

おりんの音は、初めは大きく響くが、次第に小さく、かすかになっていく。そして、スッと消えていく瞬間がある。このとき「無心」の状態に置かれる。また天風のいざないで、この瞑想をしてみよう。

「鳴っている鐘の音に心が引き入れられていきます。鐘の音が余韻余情を残しながら、耳から去っていくときに、そこに無音の幻境、無声の境地が味わえる。だんだんと音が小さくなるだろう。その音が聞こえなくなったところに無声の境地があるんだ」

天風は、ブザーやおりんを鳴らしながら、霊的境地へと誘導するように言葉を添えて瞑想を指導している。

天風会修練会の受講者はこう語っている。

おりんを利用する。

天風哲学体験談❻

澄み切った頭に「判断力」が湧いてきた！

私がいちばん感銘を受けたのは安定打坐法です。

それは心を多心から一心に、そして無心へと導き、自分自身の本心をつかむことができるという瞑想です。

修練会のはじめのうちは足が痛くて落ち着かなかったのですが、最終日には、無心とは言わないまでも、その百分の一には近づいた気がしました。これを毎日続けて、無心の境地に至り、何事にも動揺しない判断力のある人間として生きていけると思います。（四十二歳・男性）

この瞬間、あなたは「何の疑いもなく、気負いもない」

安定打坐法を行うことで、いざなわれる境地とはどのようなものだろうか。

それは**「絶対積極」の境地**である。

この境地に至れば、信念は確固としたものになる。たとえば天風は、当たらぬと信念すれば、鉄砲を構えている相手にも平気で向かっていけた。また、襲ってこないと信念を持てば、虎の檻にも入っていけたという。

天風が虎の檻に入った話を披露しよう。

大正七年――心身統一法の宣布を開始する一年前のことである。

イタリアからコーンという猛獣使いが来日した。有楽座の舞台で猛獣のショーを開催するためである。

コーンは、イタリア大使館を通じて、頭山満に面談を求めた。

初対面のコーンは、頭山に挨拶したとたん、

「猛獣の檻に入っても、あなたには決して猛獣は襲いかかりません」

と述べた。猛獣使いは人の目を見て、その人の心が定まっているかどうかを判断するという。さらにコーンは、天風を見て、

「この方も大丈夫だ」

と言った。頭山が、笑いながら天風を見た。

「やっぱり、長《なご》う生死の中を歩いてきただけ、見る人が見るとわかるんじゃなあ」

天風は頭山と同じ、泰然自若の境地の人となっていたのである。

そのまま頭山たちは、猛獣を見物するために、コーンに案内されて楽屋に入ることになった。

「この中に、まだ馴らしていない虎がおりますので、檻の前を通るときは吠えるかもしれませんが、ご勘弁ください」

とコーンは注意した。虎が三頭、低い唸り声を上げていた。

「虎の親子です。人馴れさせるまでに半年はかかるでしょう。馴らすために、こうして連れているんです」

と説明する。頭山は、

「勢いのあるやつじゃ。天風、いっちょう入ってみるか」

と促した。頭山はまじめに言っているのである。天風は臆することなく、虎の檻に近寄った。コーンのほうも、

「どうぞ」

と二重扉を順に開けた。天風は、親同然の頭山と、コーンからの太鼓判を押され、何の疑いもなく、気負いもなく、絶対信念で入っていった。虎は、天風の周りに来て、二頭がうずくまり、一頭がその後ろにいた。しばらく虎と戯れていた。

新聞記者がフラッシュをたいて写真を撮った。虎が記者に牙を剥《む》く。天風は平然と檻を出ていった。この時の写真は新聞に掲載されたそうだ。

さて、虎の檻に平気で入れる理由を天風はこう話している。

「信念が強く結晶した人の周りには、非常に強い同化力が働き出す。霊的作用の感化で、**その場の雰囲気をスーッと同じ状態にしてしまう。**猛獣が同化するのは当たり前じゃないか」

安定打坐法はこうした絶対積極の境地へといざなう方法なのである。

「不動心」強化のすすめ

天風哲学では、人の心を、その働きから二つの境地に分類している。

実我境《じつがきょう》――肉体の五感を超越して働いている境地。
仮我境《かがきょう》――肉体の五感とともに働いている境地。大半の人はこのレベルにいる。

前者の実我境は二つに分かれる。

①無意実我境――前後不覚に眠ったり、気絶している状態。意識がないまま五感を超えて生きている状態である。
②有意実我境――いっさいの感覚を超越し、感情・情念を断絶し、純真な心だけが

肉体と精神を支配している状態である。

安定打坐法のさなかに、天風は、

「ブザーの音の消えた刹那、瞬間的に音のない世界を感じる。音のない世界、無声の境地、これが霊的境地だ。音のない世界が宇宙の真実相で、宇宙本体のエネルギーの遍満存在している状態だ」

と誘導するが、こういう世界が有意実我境である。

仮我境も二つに分かれる。

③順動仮我境——明瞭な意識で五感感覚を支配し、怒りや恐れや悲しみにも、心は感情的に煩わされることなく、生老病死などにいささかも狼狽《ろうばい》せず、いかなるときも悠々とし、泰然自若としている状態。つまり絶対積極である。

④逆動仮我境——執着・煩悩の状態で、人生の荒波に翻弄させられ、つねに不平不

満を口にし、私利私欲にかられて足ることを知らず、心を安らかにすることができにくい状態。この境地では「積極－消極」は対立している。ここでの積極性は、本物ではない。それは消極に打ち克とうとする「相対的積極」である。

安定打坐法とは、日常において、いつも順動仮我境（③）の心境で生活していくために、われわれの心をレベルアップさせる瞑想法である。

天風は言う。

「安定打坐法なるものは、順動仮我境に生きるべく、その心境を錬成するために、しばしば有意実我の境地に達入する方法にほかならないのである」（『安定打坐考抄』）

安定打坐法は、ブザーやおりんの音によって「一心」に導く。

そして、ふいにぷつりと音が切れることによって「無心」の状態を味わわせる。この無心の境地が、有意実我境（②）である。

有意実我境とは、無念無想の心境である。

天風はヨガの秘境で、「天の声を聞く」という修行を行った。この何カ月にもわたる瞑想で、天風は声なき声を聞いた。この境地が有意実我境である。

この境地に至れば、自分の生命と宇宙霊の生命がつながっていることが実感できる。宇宙の生命力から、個の生命にエネルギーが注がれているのが実感としてわかる。

安定打坐法を行うことで、一瞬ではあるが、天風の悟りが追体験できる。

悟りの境地である有意実我境に達入することによって、われわれは順動仮我境の心境を錬成することができ、絶対積極の人生を歩むことができるようになる。

このときわれわれは、人生において、さまざまな感情・情念に煩わされることがなくなり、いかなる場合にも泰然として、平常心で世の中に対処できるようになる。

これが安定打坐法の目的とするところなのである。

7章

多少のことでは「疲れない」

——健康の成功法則

「水を噛んで飲む」——長寿の秘訣

健康についての話をまとめた講演録『いつまでも若々しく生きる』で、天風は次のように言っている。

「口の中に入れた食べ物が、形が全部なくなっちゃって、いつ飲み込むともなく飲み込まれちまうんでなきゃいけない。ところが、あなた方の多くは、半噛みの、半砕きの、粗飲込みでもって食べてる場合が多い」

「私たちの胃の中には、歯はないはずだ。では何のために口の中に歯がある。この歯で、いったん口の中へ入れて、食道から胃の腑に送るまでの間、完全な麦芽糖状態をつくれという天の思召《おぼしめ》しで、この歯は与えられてあるんだ」

「食べ物を口の中に入れて、アンニャモンニャ噛み出すと、その食べ物が小さなかけらに噛み砕かれると同時に、口腔内に存在する唾液腺から、不可思議な微妙な働きを持つ唾なるものが、喉から飲み込みいいように流れ出してくる」

「体の中の唾だけが、人間の食い物の中で一番分量の多いでんぷん質を、完全に溶解し、完全に消化してくれる。**唾は万病の薬だ。**口の中へたまった唾を飲み込むだけでもって、なんと一服の薬を飲まなくても病が治るようにできている」

唾を「万病の薬である」とまで言い切る天風は、

「あわてて食って、粗噛み、粗飲込みをする結果と、ようく噛んで食べる結果とは、もう天地の差がつきます」

とまとめる。

天風が噛むことの効用を学んだのは、インドで修行していたときのことだ。

現地では、**人は水を飲むのではなく、噛んでいた**という。水を噛むというのはなんと不思議な習慣だろう、と天風は傍観していた。

あるとき山の中で、赤土から湧いて出る汚れたような水があった。この水を聖者カリアッパ師は平気で飲んでいる。だが天風はというと、どうしても飲む気になれないでいた。

「おまえ、目で見て汚く感じているだけだよ。中では立派にボウフラがわいているだろう」

「ボウフラがわく水なんか、飲めますか」

するとカリアッパ師は、まじまじと天風を見つめて、

「ボウフラがわく水なら安心していいだろう。わかない水を飲んだら、死んじまうわ」

と笑う。それでも躊躇《ちゅうちょ》している天風に、

「よく噛んで飲みなさい。噛んで飲んだら、中毒を起こさない」

と教え諭した。

噛んで飲む。現地の人がやっていたことは、噛むことによって唾液と混ぜ合わせ、中毒を防止する知恵の実践であった。筆者である私も、子供時代に祖母から牛乳を噛んで飲みなさいと諭されたことがある。噛んで飲めば、腹を下したりしないと。

グランドでは、自己暗示法を用いて「自分はどんなタマでも捕るんだ。捕れるんだ」と確信して構えた。

バッターが打ったボールを追うのではなくて、自分の構えているところに打たせるという気持ちでいると、自然に相手打者の呼吸が読めてくる。このように先手先手と読めたことによって、その分だけ動きがよくなったという。

選手時代はこのように自己暗示法によって天風哲学を活用し、やがて監督に就任してからは、食事法から選手の体質改善を行った。

西武ライオンズの合宿所の調理師は、

「広岡さんが来られるまでは、野菜は夕食にしか出しませんでしたが、今は三度三度たくさん出しています。

広岡さんと話をしたその日から、もう調味料とか材料とか全部変えました。化学調味料はいっさい使わない。無添加うすくちしょうゆ、アルカリ清酒、味噌も自然のもの。砂糖は三温糖というブラウン・シュガー、塩は伯方塩という自然塩ですね。

米は三分づき。選手たちもすっかり慣れて、白い米を食べると胸につかえるくらいですよ……」

と答えている。

広岡は言う。

「体質改善をやっていったわけですが、その基本型もすべて天風理論にある。『錬身抄』という本に詳しく述べられていますが、要は自然に即した生活です」

広岡のやったことは、天風が教える通り、酸性体質になっている体を、アルカリ体質に変えることだった。

天風は『錬身抄』において、健康な食生活のための実践項目を提唱している。

●獣肉や魚肉等を過量に摂取していないか
●脂肪類を食べ過ぎていないか
●果物や野菜を充分に食べているか
●一日の中で、せめて一度は「生の植物性のもの」を食べているか
●あまりに加工変形して、みだりに味をつけた、いわゆる濃厚な贅沢な料理を食べ過ぎていないか
●極端に熱いものや冷たいもの、刺激の強いものをたくさん食べてはいないか

●食事の際、充分に噛んでいるか。あわてた気ぜわしい食べ方をしていないか
●空腹を感じて食べるようにしているか
●食事の際、いつもニコニコして、命を支える糧に感謝を捧げて食べているか

健康な人の血液は弱アルカリ性である。

反対に、病気の人の血液は酸性だという。また、消極的な感情が湧き出すと、血液は酸性になる。ストレスがさまざまな病気を引き起こすことが知られているが、その一因は、ストレスによる消極感情で血液が酸性になるからである。

積極的な心の持ち方をすれば、血液はアルカリ性になっていく。

トレーニングをやるよりも前に、基礎になる体をつくるほうが先決だ。そのためには食事から見直そう。食生活への認識がないチームは上位に上がっていけない、というのが広岡の考え方だ。実際に一年間ペナントレースをやってみて、選手たちの夏バテがなくなり、故障も非常に少なかった。

このように弱アルカリ性の血液にすることで、人は健康で長生きし、積極的な人生を歩むことができる。

天風呼吸「吸うときは口、吐くときは鼻」の効能

呼吸法についても、天風は独特のやり方を考案し、「呼吸操練」という鍛練法としてまとめている。これは九種類の呼吸法を連続して行うものである。

①かかと上げ――自律神経を強くする
②指はじき――神経を活発にする
③息吹き――肺呼吸と組織呼吸を旺盛にする
④胸たたき――肺気胞を刺激し、肺の機能を促進する
⑤背さすり――肋骨と肋骨筋を強化する
⑥腕開き――胸腔を拡張し、呼吸機能を強くする
⑦膝まげ――血液循環を促進する

⑧清め――肺の中をきれいにする
⑨気合い――音声を強大にし、のどの力を強くする

このとき基本体勢としてクンバハカ法を行う。

呼吸操練はどこでもできるが、できれば空気の新鮮な戸外で行うのがよい。「温かい空気より、冷たい空気のほうが、比較上において健康的だ。自分の体温より温度の低い空気は、その刺激反応で皮膚面の血液の循環と老廃物の排泄作用を促進し、その上肺臓機能の作用をも活発にする」

と天風は言う。

呼吸操練を行う際の呼吸法は、**「吸うときは口から、吐くときは鼻から」**を原則としている。吸うときの口は、つぼめた形にし、意識的にゆっくりと静かに行う。吐くときは、口を閉じ、鼻から吐く。これが原則であるが、一気に息を吐き出すときは、同時に口を開いて肺の中の空気を思いきり出し切る。

参考として、202〜216ページに「呼吸操練図解」を掲載しておく。これは、筆者が実際にやってみながら、そのポイントを筆記したものである。

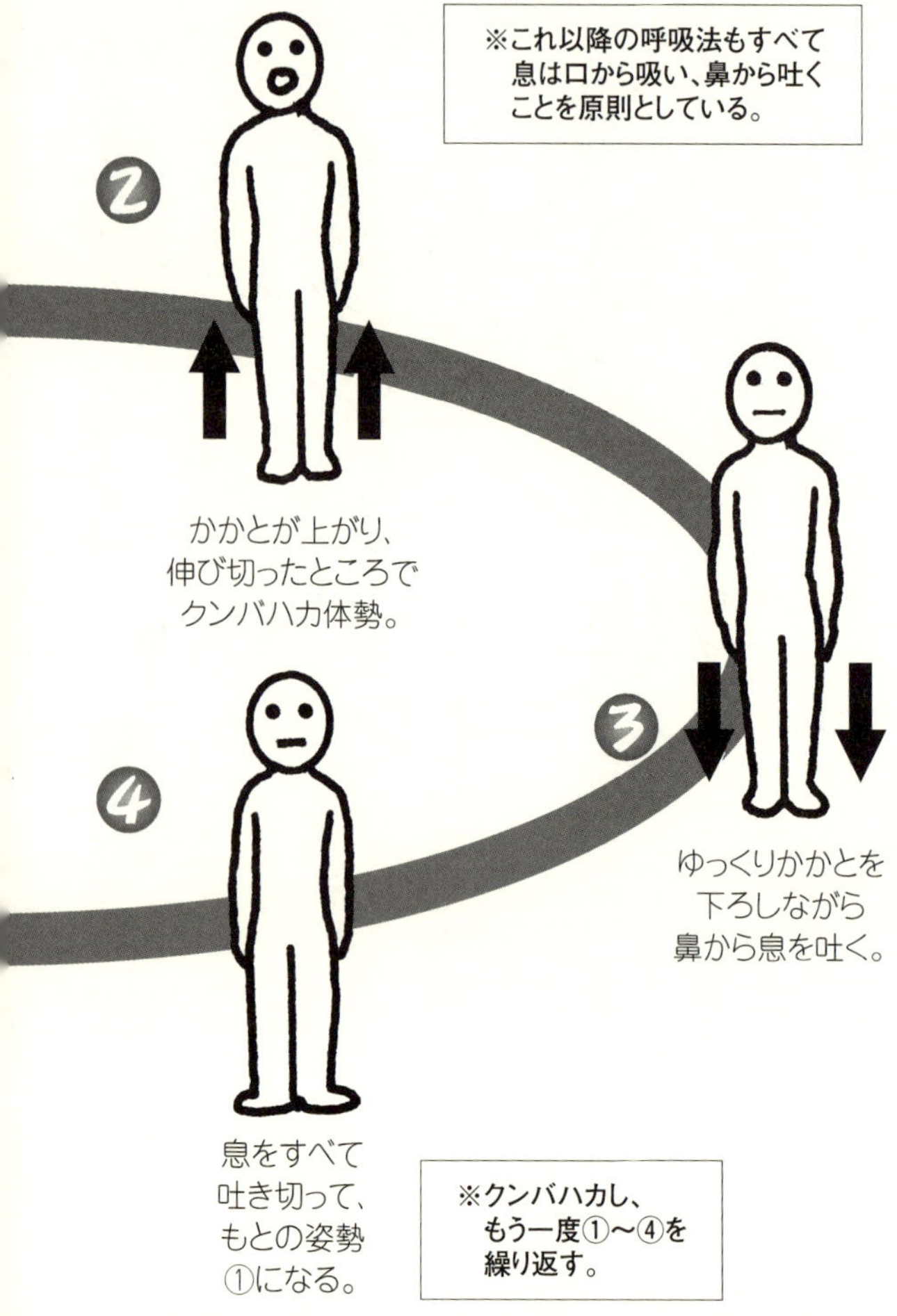
※これ以降の呼吸法もすべて
息は口から吸い、鼻から吐く
ことを原則としている。
2
かかとが上がり、
伸び切ったところで
クンバハカ体勢。
3
ゆっくりかかとを
下ろしながら
鼻から息を吐く。
4
息をすべて
吐き切って、
もとの姿勢
①になる。
※クンバハカし、
もう一度①～④を
繰り返す。

❶ かかと上げ

自律神経を鍛え、強化する!

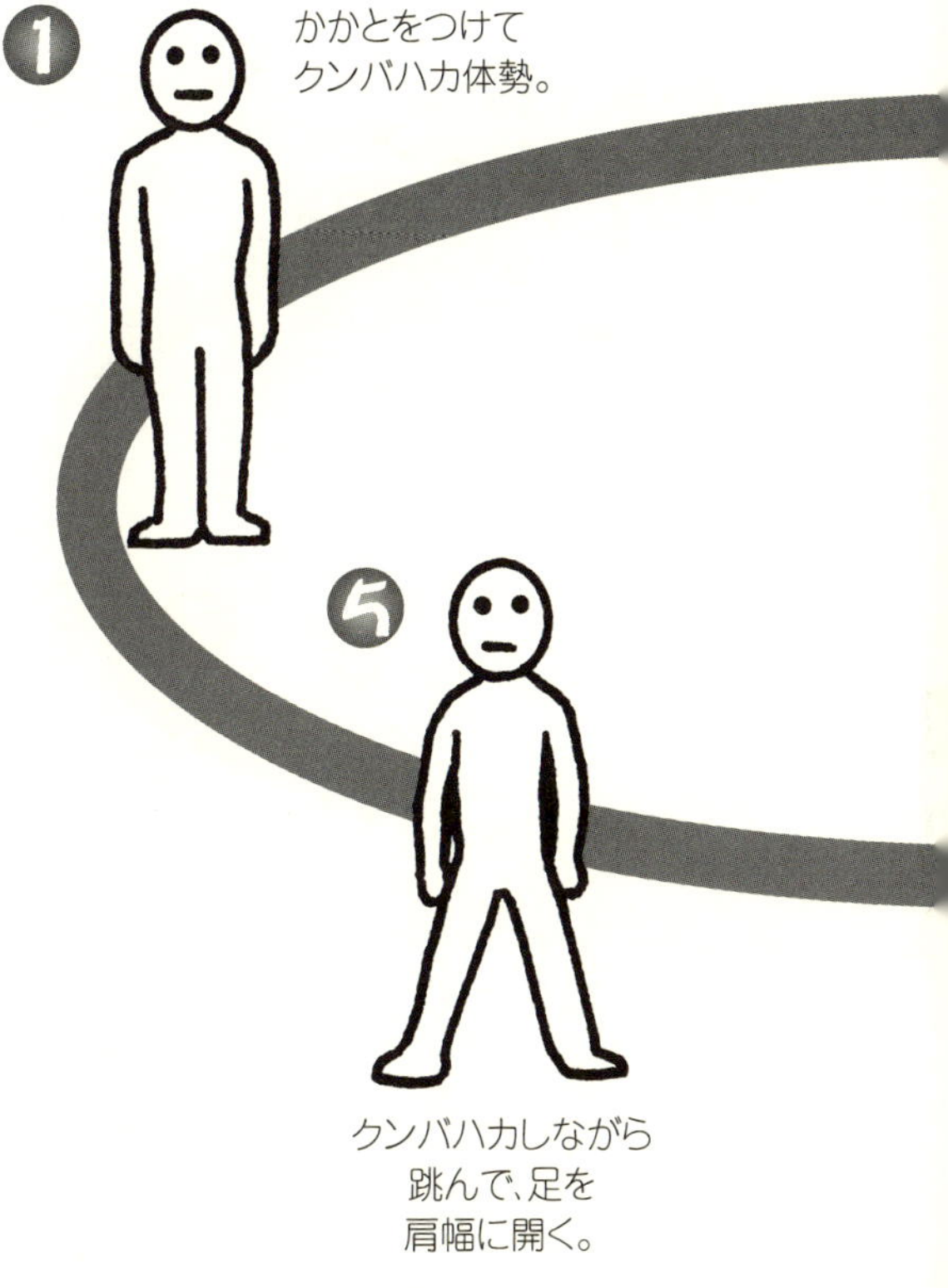
1
かかとをつけて
クンバハカ体勢。
5
クンバハカしながら
跳んで、足を
肩幅に開く。

小指に親指を引っかけながら
腕を肩に引き寄せる。
息をいっぱい吸い込んだところで
クンバハカ体勢。
「1, 2, 3, 4, 5」と
掛け声をかけると同時に、
小指から順に指をピンピンとはじく。

クンバハカし、
両腕をサッと上げる。

❷ 指はじき
神経の働きが活発、俊敏になる!

クンバハカし、
腕を前に上げながら
口から息を吸う。

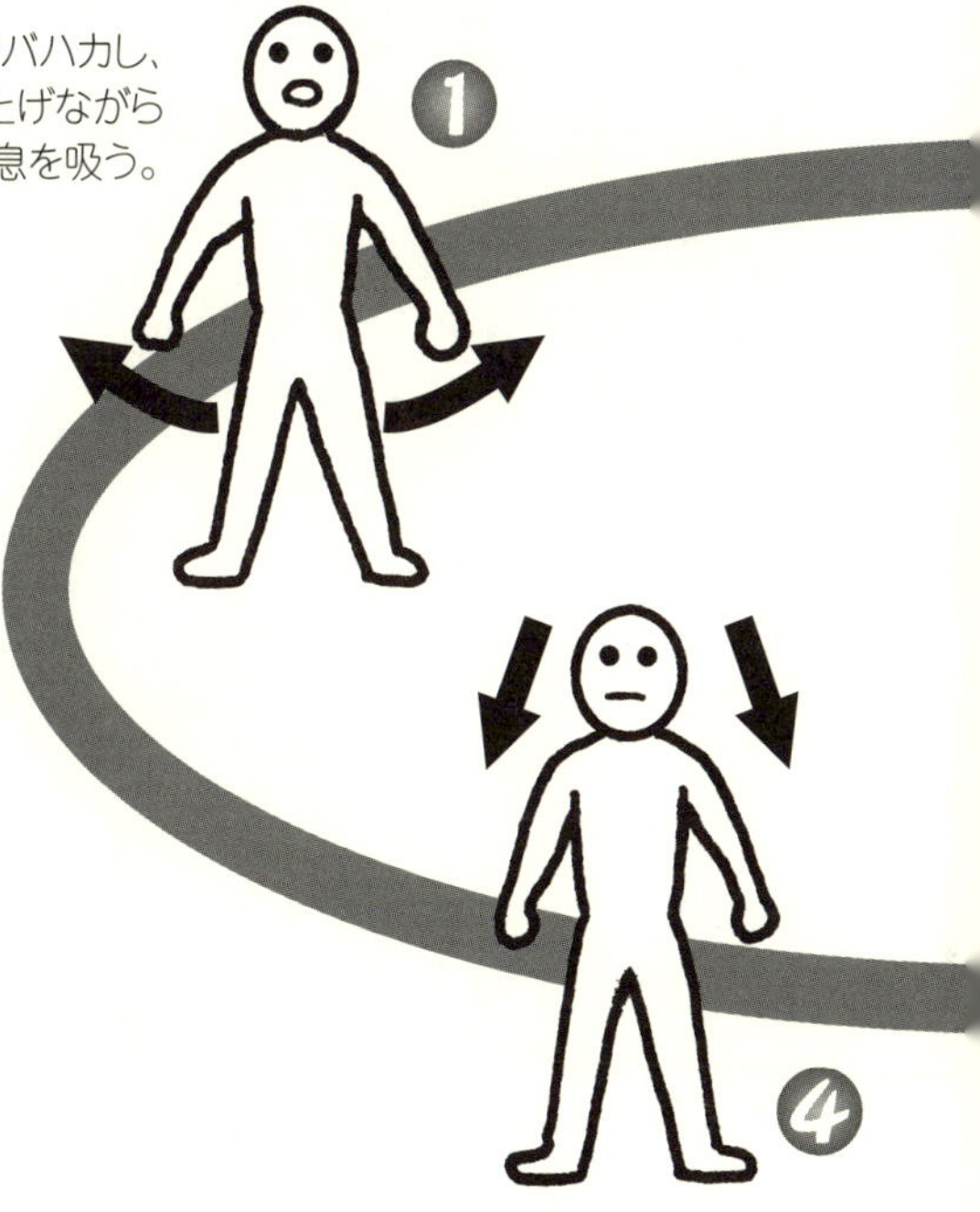

両腕を勢いよく
体の前から下ろし、
クンバハカ体勢を取る。

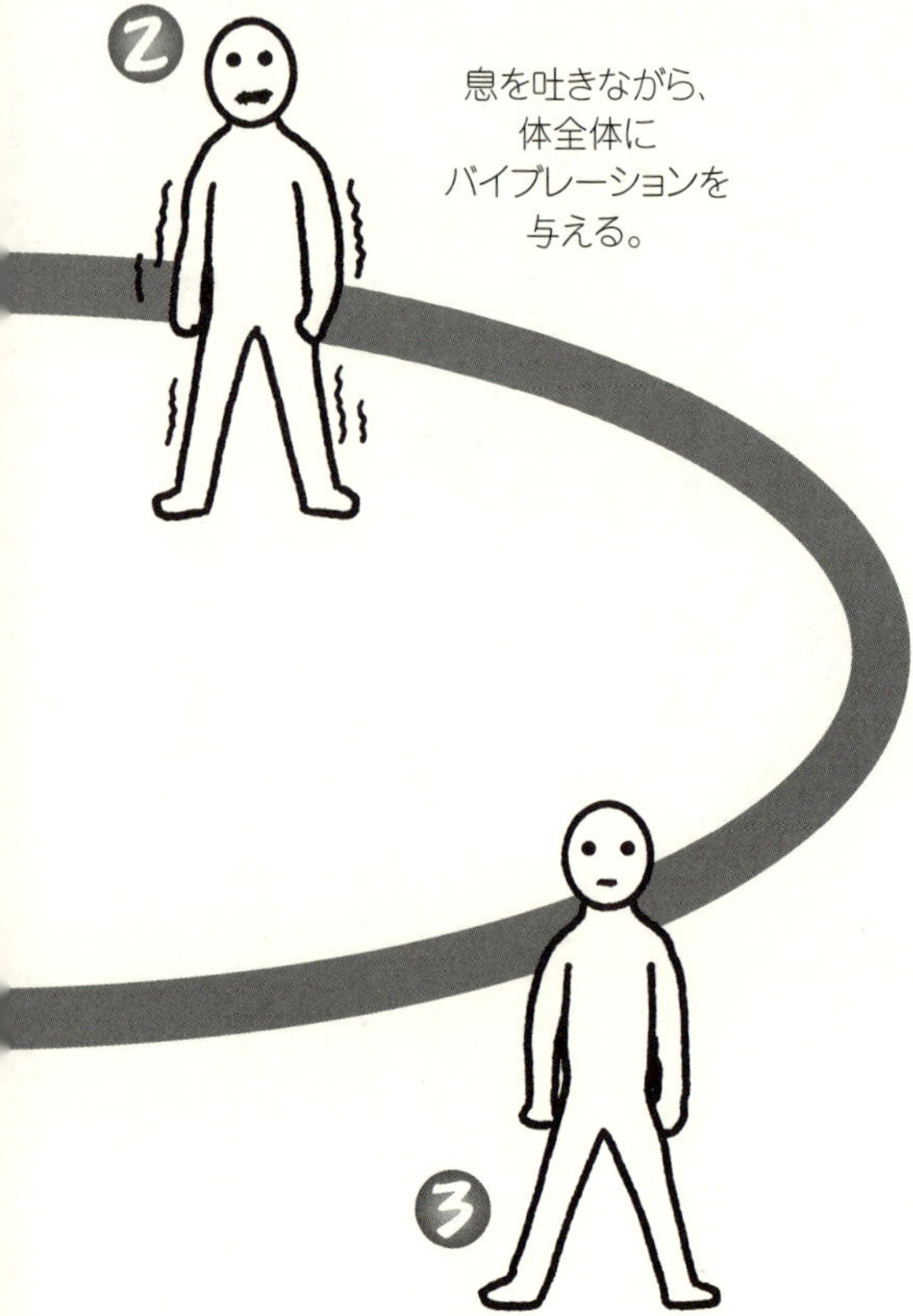
2
息を吐きながら、
体全体に
バイブレーションを
与える。
3

息を吐き終えて、
クンバハカ体勢。

❸ 息吹き
肺呼吸と組織呼吸が旺盛になる!

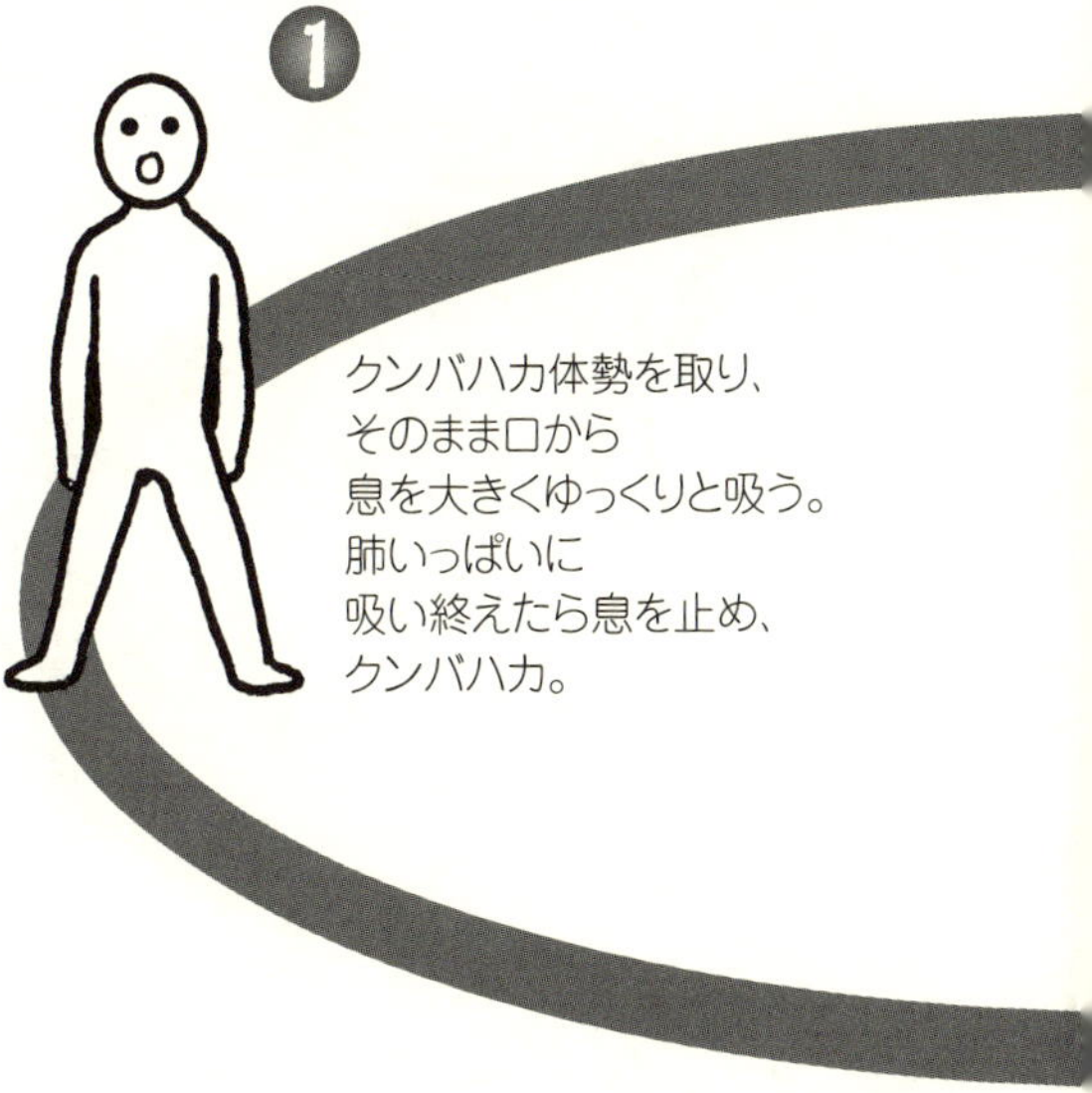
1
クンバハカ体勢を取り、
そのまま口から
息を大きくゆっくりと吸う。
肺いっぱいに
吸い終えたら息を止め、
クンバハカ。

息を吸い続けながら、両手の
手のひらを胸のところまで上げ、
指を立てて、肋骨の間をこするようにし、
息と手の動きを止める。

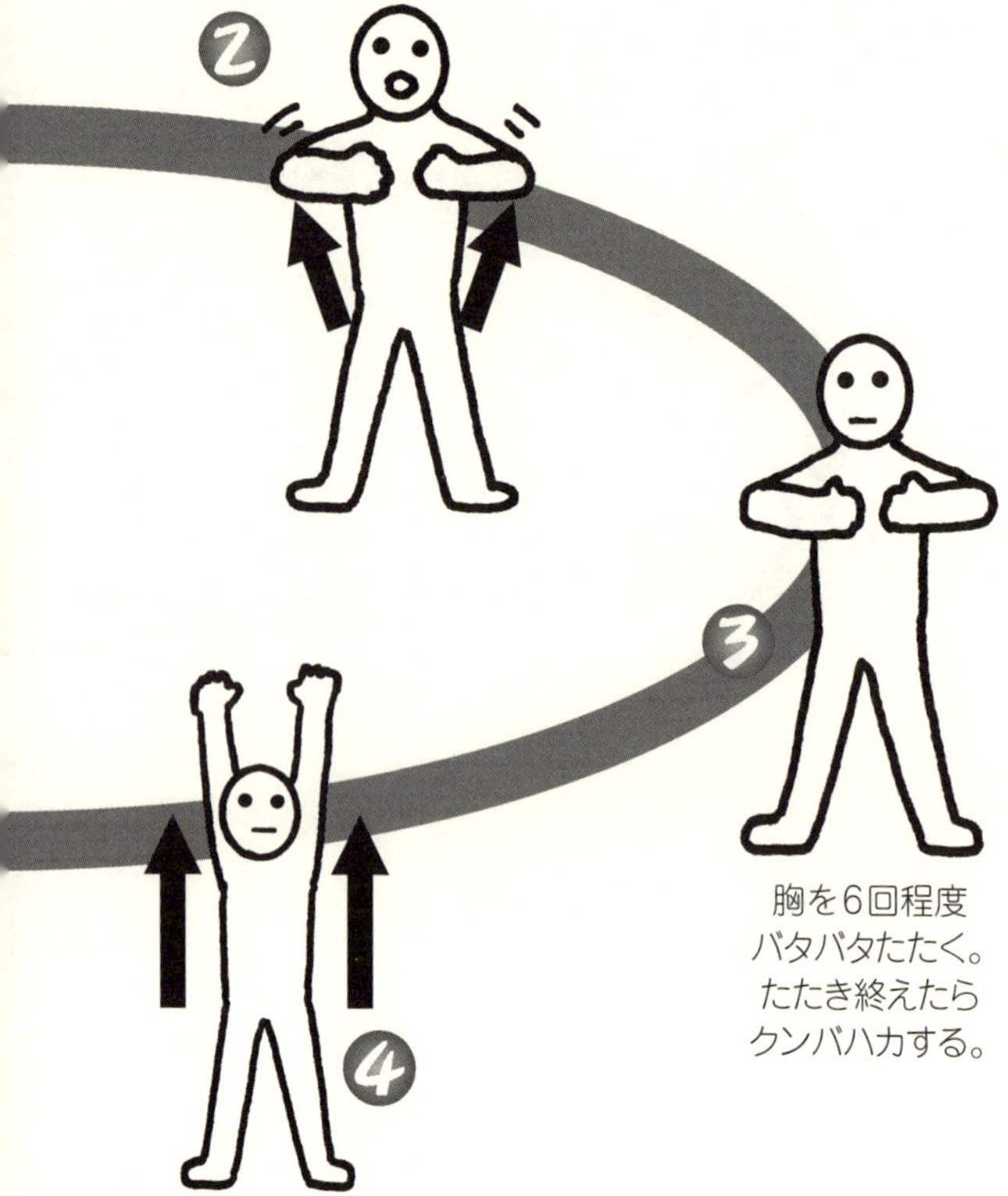

胸を6回程度
バタバタたたく。
たたき終えたら
クンバハカする。

両腕をサッと上げる。

❹ 胸たたき

肺気胞を刺激し、肺の機能を促進する!

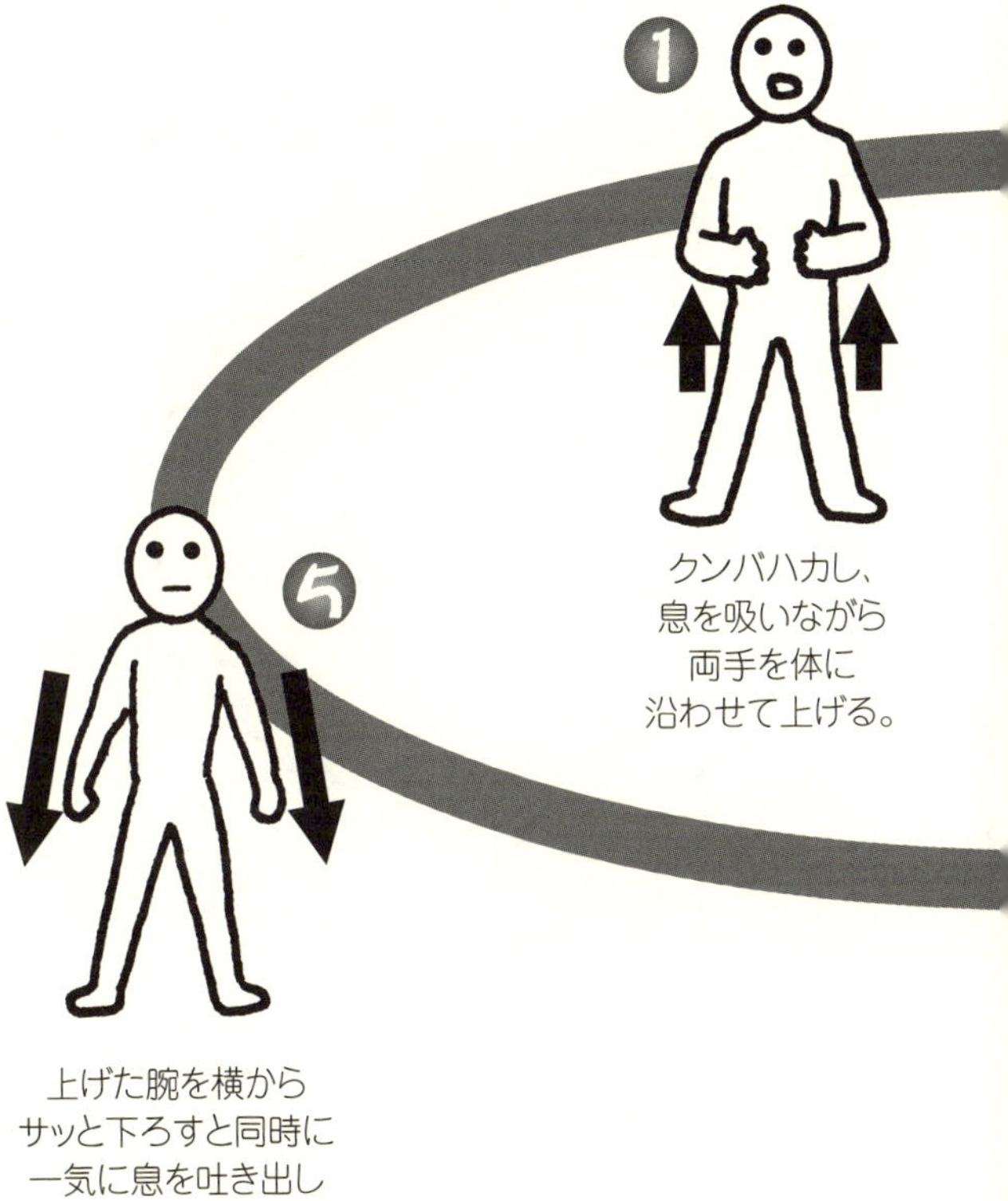

クンバハカし、
息を吸いながら
両手を体に
沿わせて上げる。

上げた腕を横から
サッと下ろすと同時に
一気に息を吐き出し
クンバハカ体勢を取る。

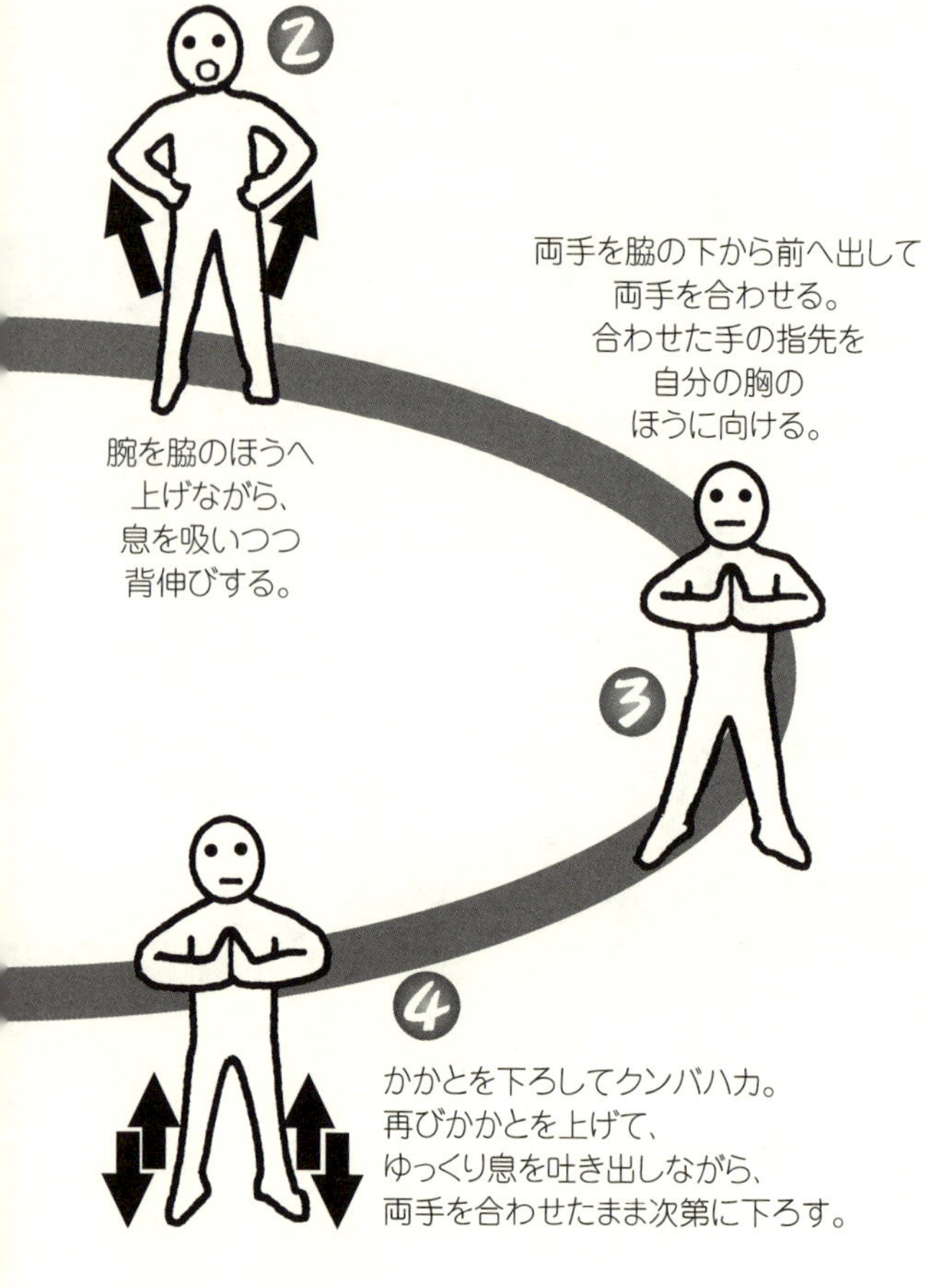
2
腕を脇のほうへ
上げながら、
息を吸いつつ
背伸びする。
両手を脇の下から前へ出して
両手を合わせる。
合わせた手の指先を
自分の胸の
ほうに向ける。
3
4
かかとを下ろしてクンバハカ。
再びかかとを上げて、
ゆっくり息を吐き出しながら、
両手を合わせたまま次第に下ろす。

❺ 背さすり

肋骨と肋骨筋を強化する!

クンバハカ体勢をし、
背骨に親指を当て、
他の指は肋骨筋をなで上げる。

もとの体勢に戻り、
クンバハカ体勢を取る。

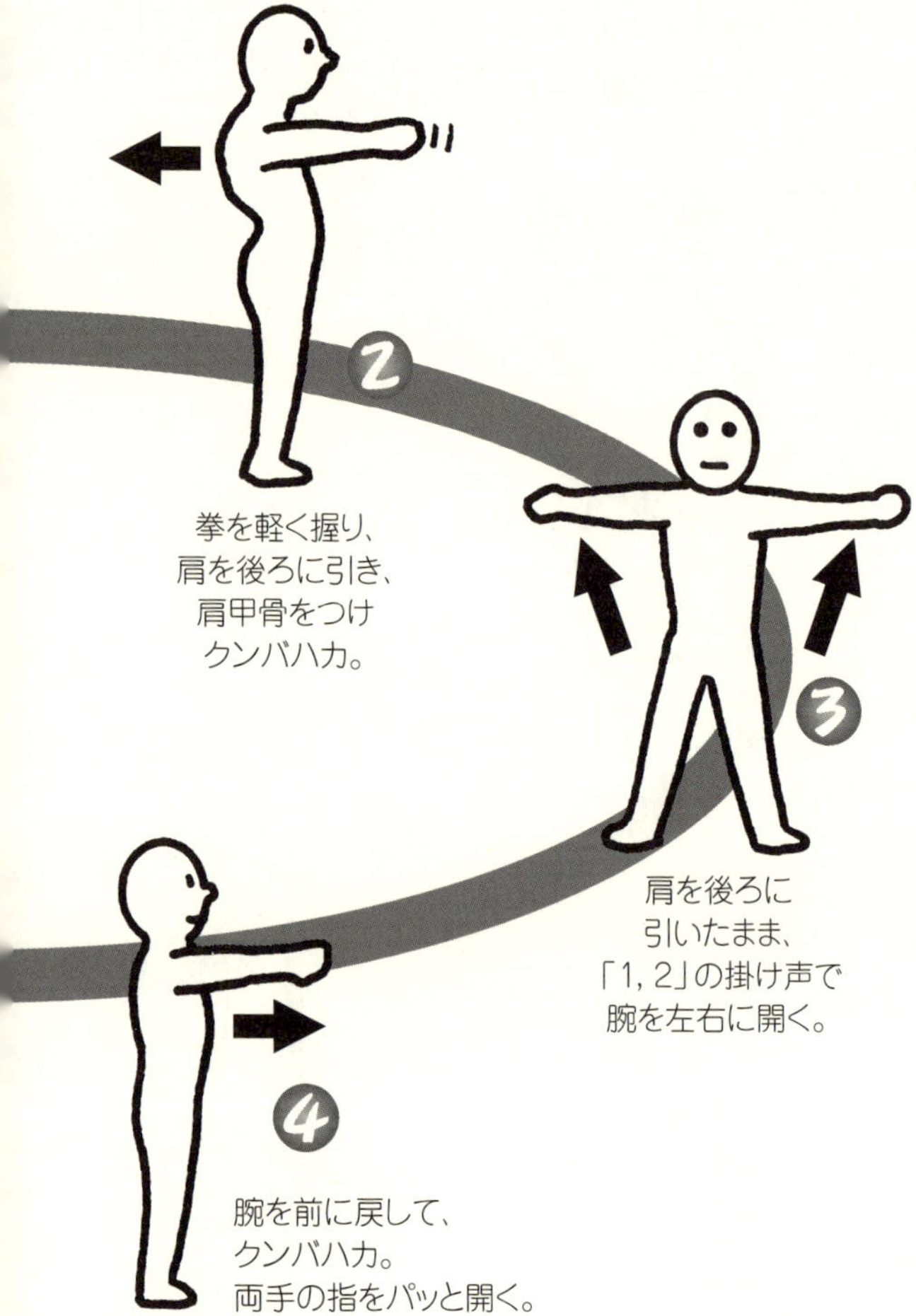
拳を軽く握り、
肩を後ろに引き、
肩甲骨をつけ
クンバハカ。
肩を後ろに
引いたまま、
「1, 2」の掛け声で
腕を左右に開く。
腕を前に戻して、
クンバハカ。
両手の指をパッと開く。

⑥ 腕開き

胸腔を拡張し、呼吸機能を強くする!

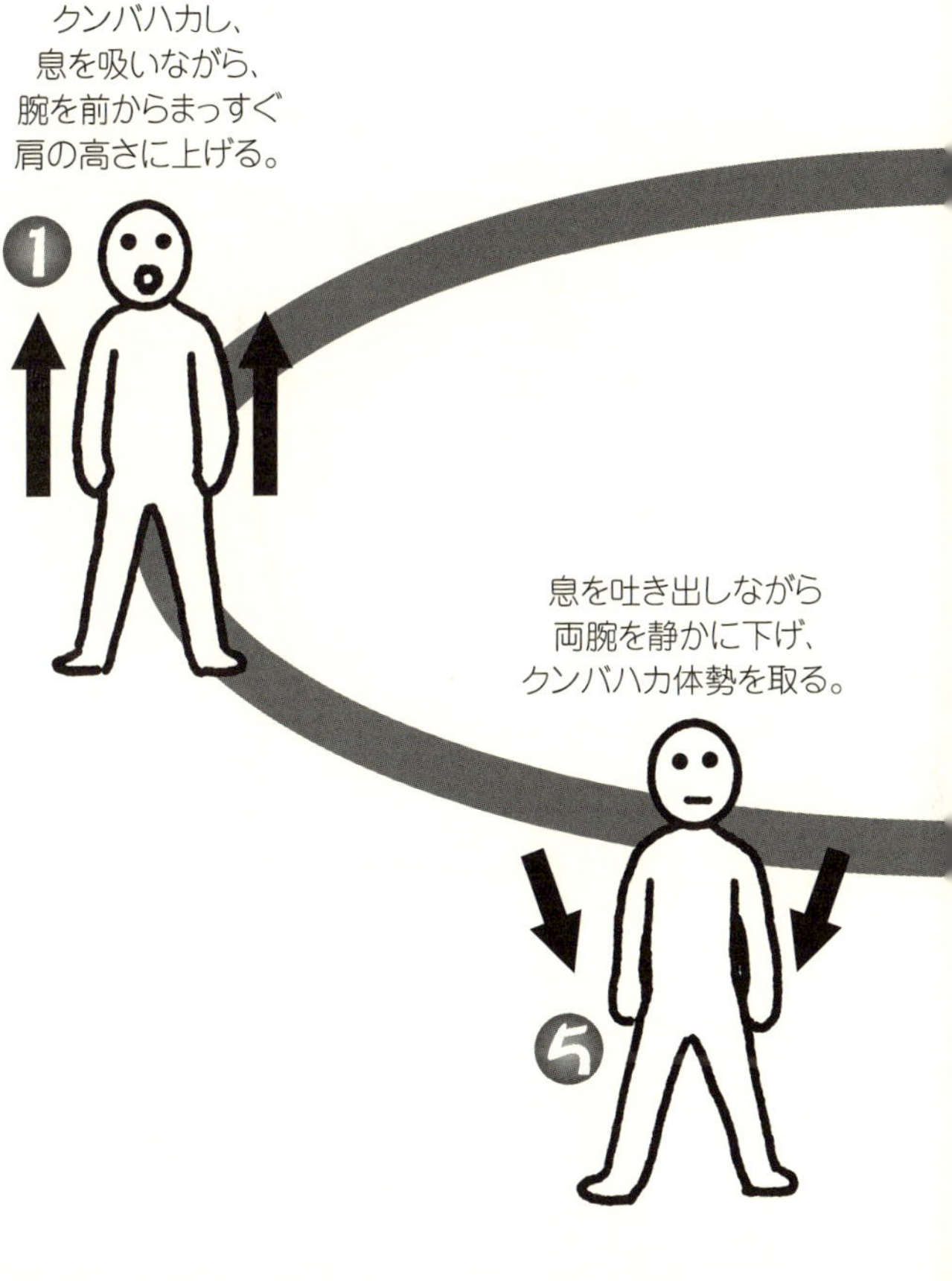
クンバハカし、
息を吸いながら、
腕を前からまっすぐ
肩の高さに上げる。
1
息を吐き出しながら
両腕を静かに下げ、
クンバハカ体勢を取る。
5

❼ 膝まげ

血液循環がよくなり、心身が活性化する!

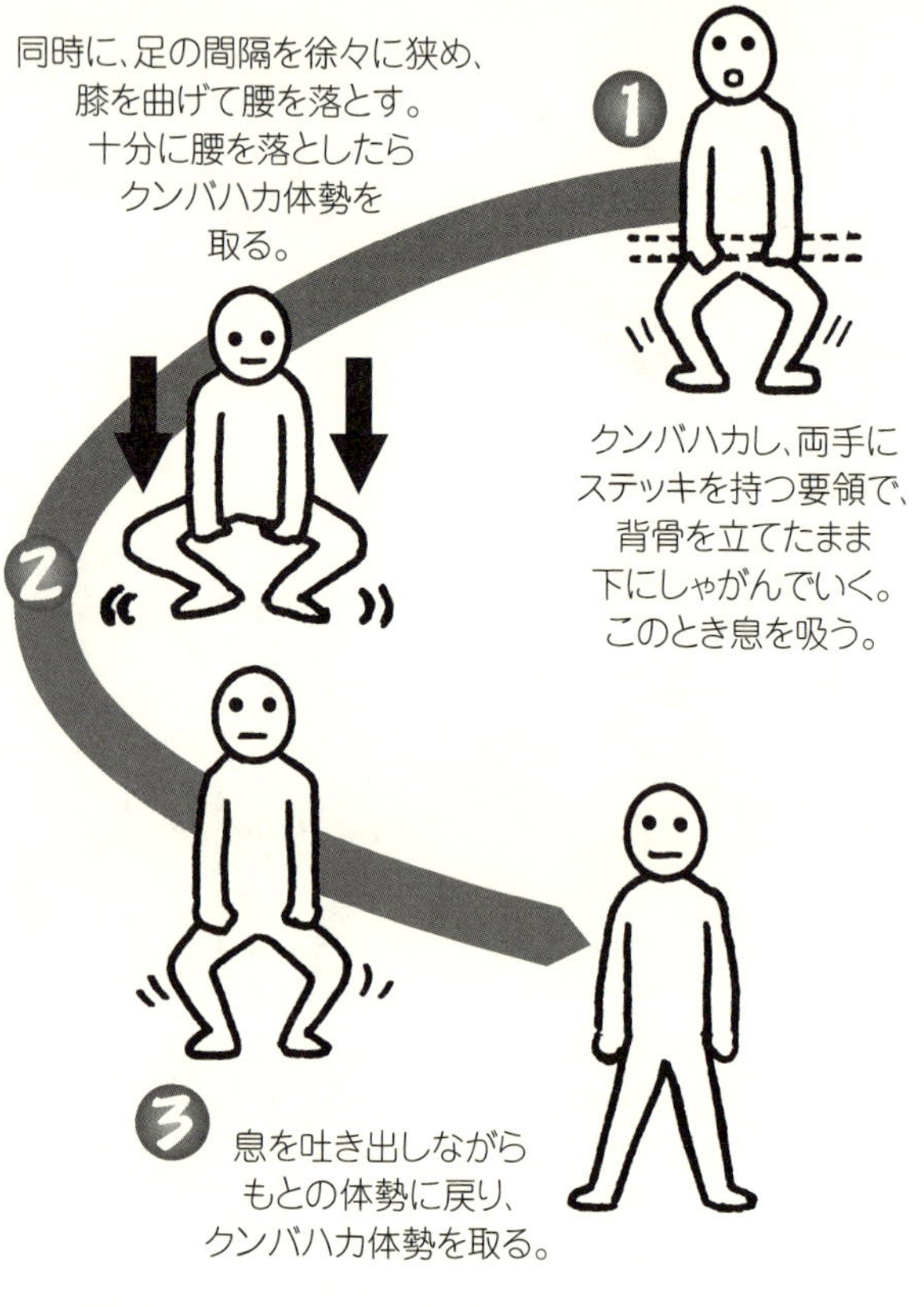
1
クンバハカし、両手に
ステッキを持つ要領で、
背骨を立てたまま
下にしゃがんでいく。
このとき息を吸う。
2
同時に、足の間隔を徐々に狭め、
膝を曲げて腰を落とす。
十分に腰を落としたら
クンバハカ体勢を
取る。
3
息を吐き出しながら
もとの体勢に戻り、
クンバハカ体勢を取る。

❽ 清め
肺の中をきれいにする!

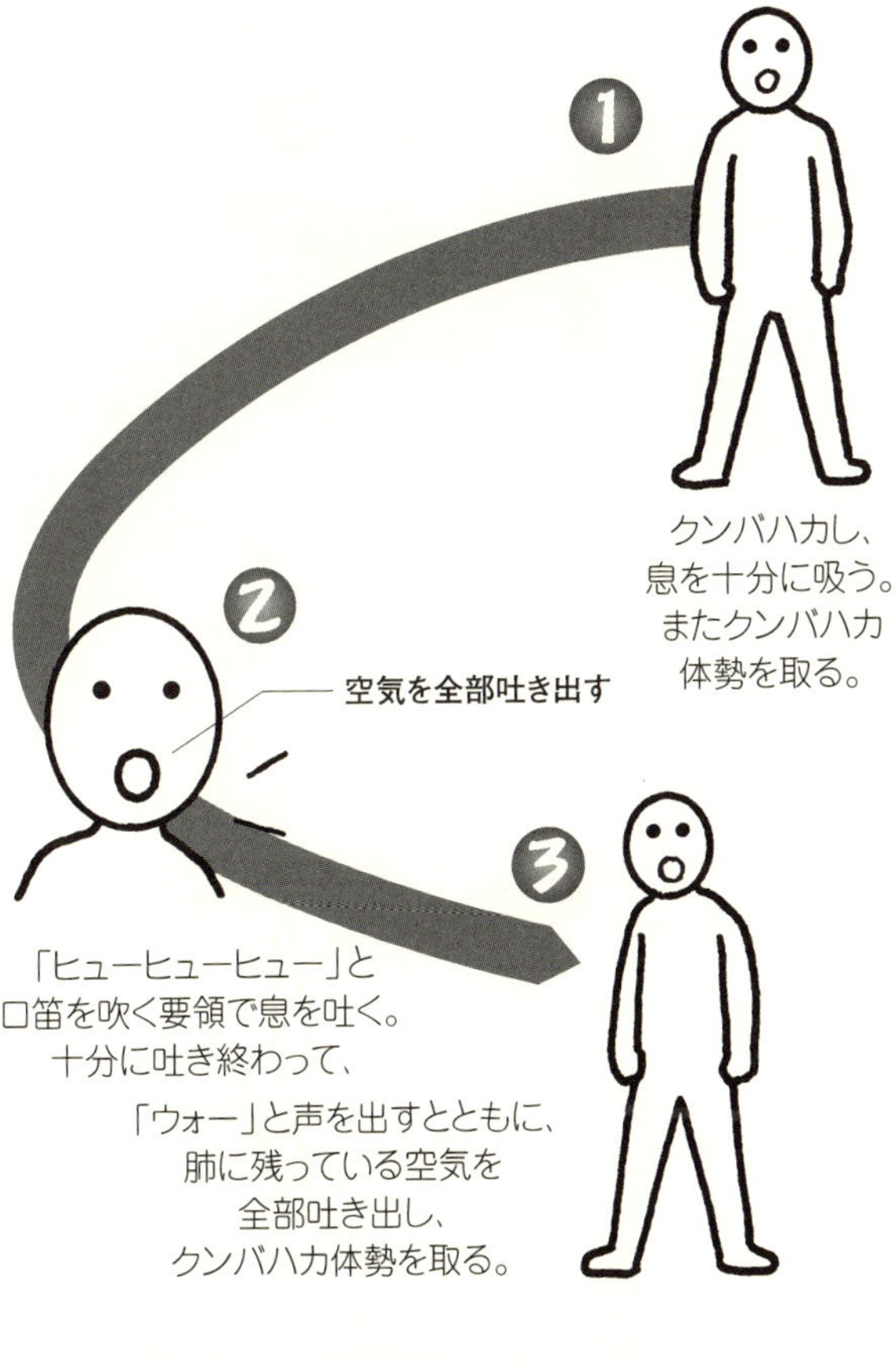
1
クンバハカし、
息を十分に吸う。
またクンバハカ
体勢を取る。
2
空気を全部吐き出す
「ヒューヒューヒュー」と
口笛を吹く要領で息を吐く。
十分に吐き終わって、
3
「ウォー」と声を出すとともに、
肺に残っている空気を
全部吐き出し、
クンバハカ体勢を取る。

⑨ 気合い(VEY)

心身にカツを入れる!

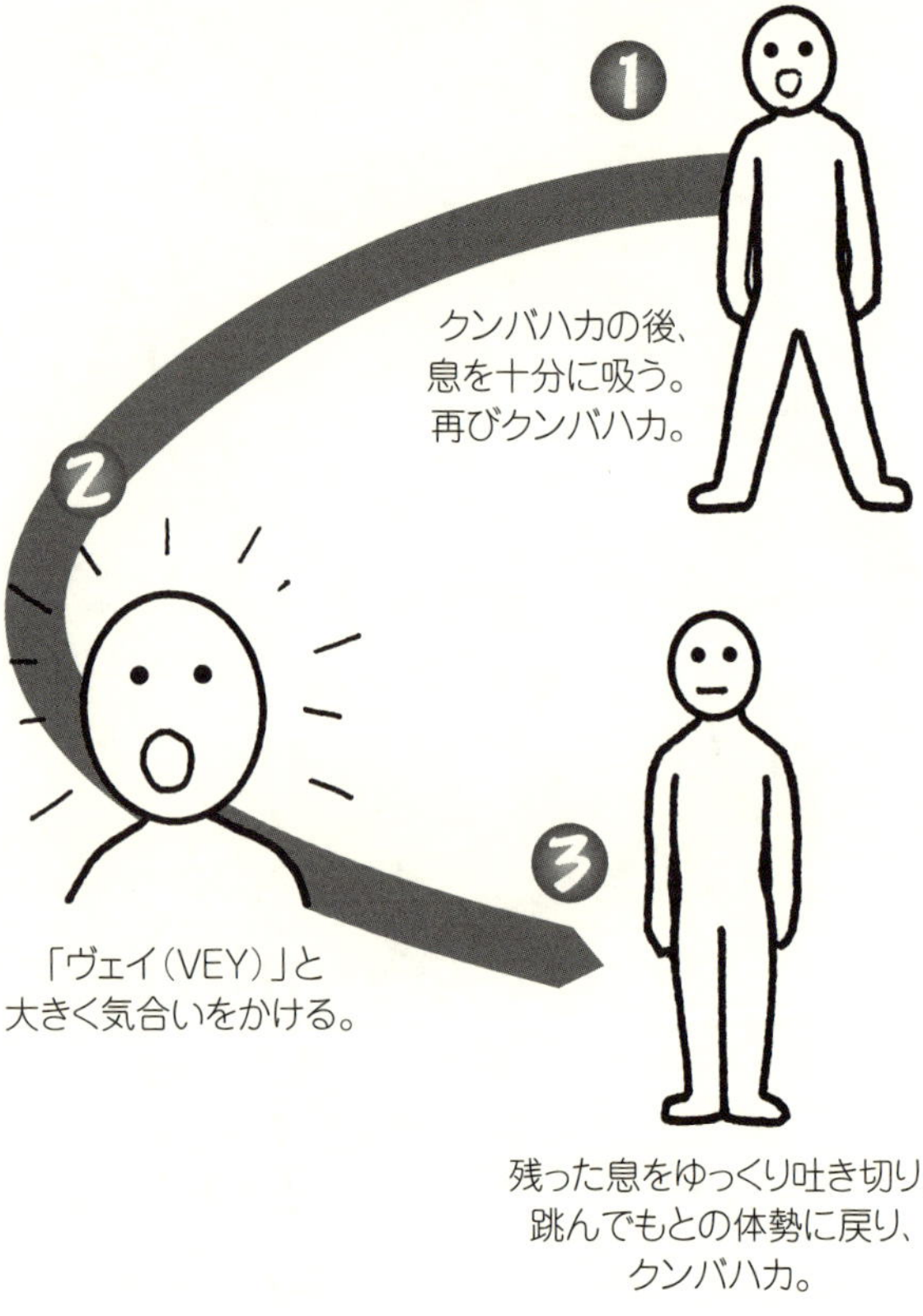
1
クンバハカの後、
息を十分に吸う。
再びクンバハカ。
2
「ヴェイ(VEY)」と
大きく気合いをかける。
3
残った息をゆっくり吐き切り、
跳んでもとの体勢に戻り、
クンバハカ。

実際に呼吸操練をしてみると、自分の生命が活気づいていくのがわかる。積極的な気分になる。呼吸作用の重要な意義は、**生命を生かすのに必要な「活力を充実させること」**である。それは、宇宙にあまねく存在しているエネルギーを吸収するという働きであり、肉体の活発化だけでなく、精神方面にまで力を供給していく効果がある。

呼吸操練の効能は次の通りである。

●血液の循環がよくなり、血圧を正常にする
●血液が清浄になり、新陳代謝がよくなる
●神経系統の生活機能が活発になる
●内臓の働きがよくなる
●呼吸器官が強化される
●肺呼吸・組織呼吸が活発化される
●消化吸収・排泄を促進する
●精神生命までも充実する
●したがって全生命に活力が充満する

自分の命は「自分のもの」——怒るな、恐れるな、悲しむな

天風哲学とは、積極の哲学である。人生を溌剌颯爽と、さらには泰然自若として積極的に生きていく道を教えてくれる。

ここまで読み進めてきて、天風の積極哲学に共鳴し、「よし、これからは積極的に生きていくぞ！」「プラス人間になるぞ！」

と決意したならば、社会生活の場で積極人生を送っていくことだ。天風流の社会生活の条件をまとめておこう。

①「できない」「困った」などとマイナス発言を吐くな
②背筋をシャンと伸ばせ。溌剌颯爽たる積極精神を持て

③早起きせよ。
④五分でいい、坐って臍を回し、腹をこねろ
⑤人に会ったら「挨拶＋明るいひと言」を言え
⑥つねにプラスの言動で人に接せよ
⑦怒るな。恐れるな。悲しむな。くじけるな。あきらめるな。焦るな。くさるな。えこひいきするな。負けるな。威張るな。頑固になるな
⑧肩の力を抜け。下腹に気を込めろ。肛門を締めろ
⑨目玉をキョロキョロさせるな。精神を定めよ。意識を明瞭・明晰に持て
⑩人生に方針を持て。目標の実現を信じて、自己暗示せよ
⑪人の喜びをわが喜びとなせ
⑫自分の責務をきっちり果たせ

最後に天風が言う。

「自分の命は自分のもの。自分を自分でもって困らせるようなことはするな。苦を楽

しむ気概を持って生きよ。

矢でも鉄砲でも持ってこい。苦しいことも、辛いことも、束になってこい。

　こんなものに負けるオレじゃない

というような、勇気一番、この人生を正々堂々と、荘厳、雄大に生きられんことを、

あなた方の魂に捧げよう」

◆主要参考文献

主に、天風先生の講演記録である『成功の実現』『盛大な人生』『心に成功の炎を』から素材を得ております。また、以下の文献のほか、恩師・杉山彦一先生の講義や教えに多くの示唆を得、講義などから引用させていただきました。引用にあたっては、意味を損なわない範囲で、前後の文脈に合わせて表現を簡素化している部分があります。ご了承いただくとともに、厚くお礼申し上げます。

中村天風述／財団法人天風会『成功の実現』『盛大な人生』『心に成功の炎を』『いつまでも若々しく生きる』『君に成功を贈る』（以上、日本経営合理化協会出版局）

中村天風『真人生の探究』『研心抄』『錬身抄』『天風哲人　箴言註釈』『安定打坐考抄』（以上、財団法人天風会）『運命を拓く』（講談社）

池田光『中村天風　口ぐせにしたい「奇跡の言葉」』（三笠書房）

清水榮一『中村天風　もっと強くなれ、必ずそうなれる！』（三笠書房）

清水榮一『一回限りの人生』（ＰＨＰ研究所）

安武貞雄『健康と幸福への道』（財団法人天風会）

宇野千代『天風先生座談』（二見書房）

大井満『戦場と瞑想』『白隠ものがたり』（以上、春秋社）

しまずこういち『マーフィーの黄金律』（三笠書房《知的生きかた文庫》）

佐保田鶴治『解説ヨーガ・スートラ』（平河出版社）

船井幸雄『船井幸雄の人間の研究』（ＰＨＰ研究所）

池田光『船井幸雄　未来をつくる言葉』（イースト・プレス）

Ｃ・Ｈ・ブルックス／Ｅ・クーエ『自己暗示』（法政大学出版局）

佐伯雅哉『心の成長と仕事』（産能大学出版部）

財団法人天風会神戸支部『設立五十周年記念誌　天馬空』（財団法人天風会神戸支部）

『月刊誌　志るべ』（財団法人天風会）

本書は、小社より刊行した『中村天風 幸運を呼ぶ「魔力」』を文庫収録にあたり、再編集のうえ、改題したものです。

池田　光（いけだ・ひかる）
　一九五五年、兵庫県生まれ。経営コンサルタント。天風哲学の実践・指導において活躍。心身統一法をもとにした独自の成功哲学によって、ビジネスマン、一般人のための実力向上に画期的な成果を上げる。また企業の経営戦略、組織開発の分野でも活躍中。
　主な著書に『渋沢栄一　逆境を生き抜く言葉』（イースト・プレス）など多数ある。

㈲池田事務所
http://www.honsinan.jp
https://www.pro-con.jp/
e-mail ikeda@honsinan.jp

知的生きかた文庫

中村天風《なかむらてんぷう》　怒《おこ》らない　恐《おそ》れない　悲《かな》しまない

著者　池田《いけだ》　光《ひかる》
発行者　押鐘太陽
発行所　株式会社三笠書房
〒一〇二―〇〇七二　東京都千代田区飯田橋三―三―一
電話〇三―五二二六―五七三四〈営業部〉
　　〇三―五二二六―五七三一〈編集部〉
http : //www.mikasashobo.co.jp
印刷　誠宏印刷
製本　若林製本工場

ISBN978-4-8379-7878-7 C0130

知的生きかた文庫

スマイルズの世界的名著
自助論
S.スマイルズ 著
竹内 均 訳

「天は自ら助くる者を助く」――。刊行以来今日に至るまで、世界数十カ国の人々の向上意欲をかきたて、希望の光明を与え続けてきた名著中の名著！

自分の品格
渡部昇一

人間の品格とは何か、自分の品格を磨くには、どうすればいいのか――。古典や歴史上の人物を元に、「品格のある人」を紹介し、著者ならではの解説を加えた一冊。

使う！「論語」
渡邉美樹

「私は『論語』を体に叩き込んで生きてきた」（渡邉美樹）。孔子が教える「自分の夢をかなえる秘策」とは？ 現代だからこそ生きる『論語』活用法。

中国古典「一日一話」
守屋 洋

永い時を生き抜いてきた中国古典。この「人類の英知」が、一つ上級の生き方を教えてくれる――読めば必ず「目からうろこが落ちる」名著。

人に勝ち、自分に克つ 強靭な精神力を鍛える
武士道
新渡戸稲造
奈良本辰也 訳・解説

日本人の精神の基盤は武士道にあり。武士は何を学び、どう己を磨いたか。本書は、強靭な精神力を生んだ武士道の本質を見事に解き明かす。

C50118